Kevin Leman

Geschwister-konstellationen

Kevin Leman

Geschwister-konstellationen

Die Familie bestimmt Ihr Leben

mvg Verlag

Die Deutsche Bibliothek – CIP-Einheitsaufnahme

Leman, Kevin:
Geschwisterkonstellationen : die Familie bestimmt Ihr Leben / Kevin Leman. [Aus dem Amerikan. übers. von Thomas Lardon]. – 5. Aufl. – Landsberg ; München : mvg, 2002
Einheitssacht.: The birth order book <dt.>
ISBN 3-478-08302-8

5. Auflage 2002
4. Auflage 2000 erschienen unter ISBN 3-478-08840-2
3. Auflage 1999
2. Auflage 1998

Titel der amerikanischen Originalausgabe: „The Birth Order Book“
Aus dem Amerikanischen übersetzt von Thomas Lardon.

Dieser Titel wurde deutschsprachig erstmals 1986 unter dem Titel „Hackordnung“ vom Goldmann Verlag, München, veröffentlicht.

Umschlaggestaltung: Vierthaler & Braun, München
Druck- und Bindearbeiten: Ebner & Spiegel, Ulm
Printed in Germany 08302/060201
ISBN 3-478-08302-8

INHALT

Mit besonderer Anerkennung

meiner erstgeborenen Schwester Sally, die ich um Vergebung dafür bitte, daß ich sie bei mindestens einer Gelegenheit mit einer unappetitlichen Spinne, die ich vor ihrer Nase baumeln ließ, aufgeweckt habe. Du bist eine außergewöhnliche Schwester.

Und in Dankbarkeit

meinem zweitgeborenen älteren Bruder und Helden, Dr. John E. Leman, dem ich als Kind bei mehr als nur einer günstigen Gelegenheit ergeben folgte, als er mich loszuwerden versuchte. Danke, Jack, daß du damals mir zuliebe dem Schläger in unserer Nachbarschaft angedroht hast, ihn zu Brei zu schlagen.

Erster Teil

Worum geht es eigentlich, und warum sollte man sich mit diesem Thema beschäftigen?

Um es vorwegzunehmen: Sie sollten sich damit beschäftigen. Ihre Position in der Geburtenfolge (d.h. Ihrer Geschwisterreihe) – ob Sie nun als Erstgeborener, als Mittelkind oder noch später auf die Welt kamen – hat einen großen Einfluß auf Ihre Persönlichkeitsentwicklung, Ihre Partner- und Berufswahl und die Erziehungsziele, die Sie schließlich bei Ihren eigenen Kindern verfolgen werden. In den folgenden beiden Kapiteln erfahren Sie,

- was für Ihre Position innerhalb der Geburtenfolge typisch ist;
- was erstgeborene Kinder mit dem Weltraum gemeinsam haben;
- warum die Jüngsten sich so oft in den Vordergrund spielen;
- wie man Erstgeborene auf den, naja – zweiten Blick erkennt;
- warum der Altersunterschied zwischen den Kindern manchmal zu „Familien innerhalb einer Familie" führen kann;
- weshalb Zweitgeborene so gern den älteren Bruder oder die ältere Schwester übertrumpfen;
- warum es „gefährlich" ist, ein Einzelkind aufzuziehen;
- wieso Sie mit großer Wahrscheinlichkeit eines Ihrer Kinder den anderen vorziehen werden.

KAPITEL 1

Geschwisterkonstellationen . . . Ist das vielleicht so etwas wie Astrologie?

Immer, wenn ich den Begriff ‚Geschwisterkonstellation' benutze, sei es in einem Seminar oder während einer psychotherapeutischen Beratung, komme ich an der Frage nicht vorbei: „Geburtenfolge, Geschwisterkonstellation . . . ist das vielleicht so etwas wie Astrologie?"
Und dann werde ich noch gefragt: „Sind Sie eigentlich Stier oder Steinbock?" Ich widerstehe meist der Versuchung, irgendeine flapsige Antwort zu geben, und sage statt dessen: „Geschwisterkonstellation hat überhaupt nichts mit Astrologie zu tun. Aber sie beeinflußt alle Bereiche Ihrer Persönlichkeit: wen Sie heiraten, wie Sie Ihre Kinder erziehen, welchen Beruf Sie wählen und welche Vorstellung Sie von Gott haben." Ernte ich dann immer noch nichts als skeptische Blicke, führe ich weiter aus, daß es schon seit der Jahrhundertwende Erkenntnisse über die Geburtenrangfolge gibt. Allerdings, das muß ich einräumen, liegen ernsthafte Auseinandersetzungen und wissenschaftliche Arbeiten jedoch erst seit etwa fünfundzwanzig Jahren vor. Inzwischen haben sich viele Bücher, Zeitschriftenartikel und Forschungsvorhaben mit diesem Thema befaßt. Wenn man will, kann man sich bis in kleinste Einzelheiten darin ergehen.
Dieses Buch wird sich – der Übersichtlichkeit halber – nur mit drei Positionen in der Geschwisterreihe beschäftigen:

- den Ältesten (und mit ihnen den Einzelkindern)
- den Zweitgeborenen (oder Mittelkindern)
- den Letztgeborenen (den Nesthäkchen).

Was halten Sie von einem Test?

Damit Sie einen Eindruck von dem bekommen, was man unter Geburtenfolge versteht, stelle ich Ihnen hier einen kleinen Test vor. Welche der folgenden Persönlichkeitsmerkmale treffen am ehesten auf Sie zu? (Nicht alle Eigenschaften müssen auf Sie zutreffen; wählen Sie nur die Punkte aus, von denen die meisten auf Sie und Ihren Lebensstil übertragbar sind.)

A. perfektionistisch, verläßlich, gewissenhaft, jemand, der sich Listen macht, organisiert, kritisch, ernsthaft, gelehrt ist;

B. derjenige, von dem die wenigsten Fotos im Familienalbum zu finden sind, vermittelnd, konfliktscheu, unabhängig, fühlt sich seinem – großen – Freundeskreis außerordentlich verpflichtet, und doch ein Einzelgänger;

C. manipulierend, charmant, gibt anderen die Schuld, prahlerisch, auf Menschen zugehend, guter Verkäufer, frühreif, gewinnendes Wesen.

Ich habe es Ihnen ziemlich leicht gemacht, indem ich mit der Beschreibung des Ältesten begonnen und mit der des Jüngsten aufgehört habe. Sollten Sie sich für die Rubrik A entschieden haben, dann würde ich beinahe wetten, daß Sie ein Erstgeborener sind. Bei Rubrik B ist die Wahrscheinlichkeit groß, daß Sie ein Mittelkind sind (das zweite von dreien, oder möglicherweise das dritte von vieren). Haben Sie sich für Rubrik C entschieden, dürften Sie der Jüngste in der Familie sein. (Irgend jemand hat dieses Buch für Sie gekauft, stimmt's? Die Nesthäkchen werde ich noch öfter aufs Korn nehmen. Ich darf das, weil ich selbst auch eines bin.)

Beachten Sie bitte, daß ich Worte wie „beinahe wetten" oder „wahrscheinlich" gebraucht habe. Ich verfüge nämlich nicht über übersinnliche Kräfte, was die Bestimmung der Geburtenfolge eines Menschen angeht. Allerdings stehen mir viele Forschungsergebnisse und das gute alte ‚Gesetz der Serie' zur Seite. Wenn ich irgendwo Seminare abhalte, mache ich mir einen Spaß daraus, mit einem kurzen Blick in die Runde zehn Leute zu bestimmen, von denen ich annehme, daß sie Erstgeborene oder

Einzelkinder sind. Dabei beachte ich nur die äußere Erscheinung. Meist sehen sie nämlich so aus, als wären sie dem Titelbild einer Modezeitschrift oder einer Anzeige in einem Managermagazin entsprungen. Jedes Haar liegt exakt, und die Kleidung ist farblich genauestens aufeinander abgestimmt. Meistens liege ich bei neun von zehn richtig, oft auch bei allen zehn.

Bei einigen Zuhörern macht sich der Verdacht breit, sie seien irrtümlicherweise in eine Zauber-Vorstellung geraten, was natürlich nicht stimmt. Aber ganz im Ernst: mit der Geburtenfolge hat es etwas auf sich, da bin ich ganz sicher. Sie bietet keine Erklärungen für alle Einzelheiten menschlichen Verhaltens – das kann kein Persönlichkeitstest oder -system leisten –, aber sie vermittelt uns Aufschlüsse darüber, warum Menschen so sind, wie sie sind.

In meiner Praxis als Psychologe kommen mir meine Forschungen im Bereich der Geschwisterkonstellation sehr zustatten, und ich konnte vielen Menschen helfen, ihr Leben neu zu organisieren. Durch das, was sie über die Geburtenfolge weiß, versteht Sabine plötzlich, warum Hans in vielen Dingen „so eigenartig" ist. Hans dagegen kann sich nun Sabines ‚Klein-Mädchen'-Attitüden erklären, die ihm immer mehr auf die Nerven gehen. Die Geburtenfolge verschafft Vater und Mutter einen Anhaltspunkt dafür, woher es kommt, daß der zehnjährige Fritz mit seinem befriedigenden Notendurchschnitt unbekümmerter durchs Leben geht als die dreizehnjährige Helga, die nur Einser schreibt und ein Kandidat für ein Magengeschwür ist.

Was haben Erstgeborene mit dem Weltraum gemeinsam?

Normalerweise sind es die Jüngsten aus einer Familie, die sich für die Raumfahrt interessieren. Aber von den ersten dreiundzwanzig Astronauten, die in den Weltraum geschossen wurden, waren einundzwanzig Erstgeborene oder Einzelkinder! Alle sieben Astronauten der ersten ‚Mercury'-Mission waren die Erstgeborenen in ihren Familien.[1)]

Forschungen haben erwiesen, daß Erstgeborene viel stärker leistungsorientiert sind als ihre jüngeren Geschwister. Der weitaus größere Teil der Erstgeborenen landet in den ,Hochleistungs'-Berufen im naturwissenschaftlichen, medizinischen oder juristischen Bereich. Auch unter Wirtschaftsprüfern, Chefsekretärinnen, Ingenieuren und Computer-Cracks wird man Erstgeborene in größerer Zahl finden. Die stürzen sich nämlich auf alles, was Genauigkeit, Konzentrationsfähigkeit und eiserne Disziplin erfordert.[2)]

Ich war einige Jahre im Studentenausschuß der Universität von Arizona. Einmal fragte ich einen der Architektur-Professoren, ob er jemals darüber nachgedacht habe, aus welcher Position innerhalb der Geschwisterkonstellation seine Kollegen wohl kommen mögen. Er starrte mich nur fassungslos an und meinte: „...'tschuldigung, ich bin wirklich sehr in Eile."

Etwa sechs Monate später sprach er mich eines Tages auf dem Campus an: „Erinnern Sie sich noch an die merkwürdige Frage, die Sie mir gestellt haben? Ich habe eine Umfrage gemacht und dabei herausgefunden, daß beinahe jeder in unserer Fakultät ein erstgeborener Sohn oder ein Einzelkind ist."

Diesem Professor öffnete das die Augen. Für mich wurde damit nur ein grundlegendes Prinzip der Geburtenfolge bestätigt: Menschen, die Struktur und Ordnung mögen, neigen dazu, anspruchsvolle Berufe zu wählen. Architektur ist einer jener Berufszweige, die in dem Ruf stehen, ,vollkommen' oder ,perfekt' zu sein.

Auch im Medienbereich lohnt es sich, die Geschwisterfolgen zu erforschen. Zeitungs- und Zeitschriftenredakteure sind eher Erstgeborene. Radio- und Fernsehmoderatoren dagegen sind Spätergeborene. Man könnte vermutlich eine Wette darauf abschließen, daß die meisten unserer spaßigen Showmaster einmal Nesthäkchen waren.

Er ist ein Schauspieler, ein Unterhaltungskünstler: ein Typ, der einem Nieselregen noch als etwas Angenehmes verkauft. Letztgeborene findet man häufig in Berufen, in denen die Fähigkeit zur Schauspielerei gefordert wird.

Der Stammbaum der Lemans

Um Ihnen einen kurzen Überblick der drei ,typischen' Positionen in der Geschwisterreihe zu vermitteln, möchte ich Ihnen die Familie vorstellen, in der ich aufwuchs. (Meine eigene Familie, meine Frau Sande, die Töchter Holly und Krissy und meinen Sohn Kevin II lernen Sie dann später noch kennen.) Vater und Mutter Leman hatten drei Kinder:

- Sally – die Erstgeborene
- John, Jr. (Jack) – das Mittelkind, drei Jahre später geboren
- Kevin, das Nesthäkchen – fünf Jahre nach Jack geboren

Auf das ,Nesthäkchen' komme ich später noch einmal zu sprechen. Bis auf den heutigen Tag werde ich dieses Image nämlich nicht los. Schauen wir uns zunächst meine Schwester Sally an, eine typische Erstgeborene. Sie lebt in einer Kleinstadt im Westen des Staates New York. In fast jeden Sommerferien besuche ich mit Frau und Kindern Sallys makelloses Haus. Das erste, was uns allen auffällt, ist der ,Plastik-Schutzläufer', der zu jedem Zimmer im Haus führt. Die Botschaft, die er verkündet, klingt beinahe wie ein Gebot: „Du sollst den blauen Teppich unter mir nicht betreten, es sei denn, es handelt sich um einen Notfall."

Sally ist einer jener Menschen, die schon mindestens zwei Tage, bevor ein paar Freunde zum Kaffeeklatsch kommen, nervös und aufgeregt ist. Größere Einladungen verursachen dasselbe Gefühl – allerdings eine Woche oder zehn Tage vor dem Ereignis. Für Sally gilt: „Je größer die Einladung, desto größer die Aufregung." Selbstverständlich muß alles farblich zusammenpassen: die Servietten zu den Kerzen, diese wiederum zur Einrichtung des Speisezimmers, welches seinerseits auf die Augenfarbe ihres Ehemannes abgestimmt ist. Wenn es ginge, würde Sally auch noch die Fußmatte bügeln.

Niemand in unserem Familien-Clan wird jemals folgendes Erlebnis vergessen. Wir hatten gemeinsam einen Camping-Ausflug in die Berge der Sierra Nevada unternommen. Nach einem herrlichen, anstrengenden Tag in der wunderschönen Landschaft zog es jeden von uns gegen zehn Uhr abends in seinen Schlafsack. In dieser Höhe fielen die Temperaturen nachts auf unter zehn Grad, so daß sich die meisten von uns entschlossen, in Jeans, Sweatshirt oder den Klamotten zu schlafen, die sie gerade anhatten. Bis auf Sally. Sie trat mit ernster Miene und frierend, nur mit einem duftigen Nachthemd bekleidet, vor das Zelt und konnte gar nicht verstehen, warum wir andern in schallendes Gelächter ausbrachen. Was gab es für einen Grund, auf ein Nachthemd zu verzichten, wo man es doch von einer einfachen Lehrerin zur Schuldirektorin gebracht hatte? Weshalb sollte man einem Campingplatz nicht ein bißchen Klasse verleihen, wenn man bei allem, was man sonst tat, immer kreativ, künstlerisch und ordentlich war?

Wenn Sally etwas macht, dann macht sie es richtig. Ihr ganzes Leben lang war sie selbstsicher und gescheit, und alle Leute mochten sie.

Mein Bruder Jack ist der Zweitgeborene. Wie bei vielen Mittelkindern bereitet diese Position auch bei ihm größere Schwierigkeiten, seine Charaktereigenschaften präzise darzustellen. Zum einen ist das zweite Kind dafür bekannt, daß es die genau entgegengesetzte Richtung zum Erstgeborenen einschlägt. Da aber Sally eine ganz typische Amerikanerin ist – gute Schülerin und Studentin, beliebt usw. –, hätte das für Jack bedeutet, entweder in den Spielhöllen zu versinken oder in einer Sonderschule zu landen.

Als Gymnasiast war Jack kein ganz so guter Schüler wie Sally, dennoch bekam er ausgezeichnete Noten. Er hielt immer einen Zweier-Notendurchschnitt und hatte auch seinen Stammplatz in der Football-Mannschaft. Bei den Uni-Bällen war er ein gefragter Tänzer – ein typischer wilder junger Amerikaner.

In bestimmter Hinsicht war Jack auch ein ‚Erstgeborener'- nämlich der erste Junge in der Leman-Familie. Das ist eine Rolle, in die ein mittleres Kind nicht selten gerät.

Der Zweitgeborene ist der Vermittler und Verhandler, der Konflikten aus dem Weg geht. Paradoxerweise ist er selbständig und zeichnet sich durch extreme Loyalität seinen Freunden gegenüber aus. Er ist ein Einzelgänger, hat aber viele Freunde. Gewöhnlich ist er der erste, der sein Zuhause verläßt oder seinen

gesellschaftlichen Umgang außerhalb der Familie sucht, weil er sich in der Familie übergangen fühlt.
Auf meinen Bruder treffen einige dieser Eigenschaften zu, allerdings nicht alle. Er ist ein außergewöhnlich gewissenhafter, ordentlicher, ernsthafter und gelehrter Doktor der klinischen Psychologie geworden, und, wie ich schon ausführte, ist er der erste männliche Nachkomme in unserer Familie.
Und dann gab es schließlich mich. Ich wurde fünf Jahre nach Jack geboren. Unter bestimmten Umständen hätte aus mir ein ‚Quasi-Einzelkind'[3] werden können, wie Psychologen das zu bezeichnen pflegen. Häufig beginnt beim letzten Kind, das fünf oder mehr Jahre nach dem vorherigen geboren wird, eine ganz neue Geschwisterkonstellation. Ein Kind, das so viel jünger ist als seine Geschwister, bleibt oft sich selbst überlassen – ein ‚einsames Einzelkind'.
Das Einzelkind-Syndrom schließt normalerweise mit ein, daß man von seinen Eltern wie ein kleiner Erwachsener behandelt wird, der große Erwartungen zu erfüllen hat. Diesen Druck nahm mein älterer Bruder mir ab, weil er das Ziel der elterlichen Erwartungen war. Sein offizieller Name war John E. Leman, JUNIOR. Er war dazu bestimmt, der Arzt zu werden, der mein Vater immer hatte sein wollen, aber nicht hatte werden können, weil seine Familie zu arm war und weil er auch nur über den Hauptschulabschluß verfügte. Vater projizierte alle seine eigenen Wünsche nach einem ‚Traumberuf' und seine Angst davor, ein ‚Niemand' zu sein, auf Jack. Es sind meist Erstgeborene und Einzelkinder, die den Beruf des Arztes ergreifen. In meiner Familie aber hat nie jemand auch nur im entferntesten daran gedacht, daß so etwas für mich in Frage kommen könnte. Als ich elf Tage alt war, gab man mir den Kosenamen ‚Bärchen', und der blieb haften. Anstatt unbeachtet und mir selbst überlassen zu bleiben, wurde ich das Maskottchen der Familie, das immerzu in irgendwelche merkwürdigen Sachen hineingeriet.
Ich lernte schon sehr früh, daß über mir zwei ‚Super-Stars' waren. Wollte ich also Beachtung finden, dann war ‚Leistung' sicher der falsche Weg. Ich konnte lediglich vorweisen, im Baseball-Team zu spielen. Jack hatte sich nie mit Baseball abgegeben. Er hatte sich für (American) Football entschieden, das in den

meisten Highschools der wichtigste Sport ist – etwas für harte Burschen, die bereit sind, sich in Schnee- und Graupelschauern vor einer ärmlichen Zuschauerkulisse dem Erfrierungstod auszusetzen.

Aber Klein-Kevin war nicht derjenige, der sich beiseite schieben ließ. Er wurde zu einem Manipulierer, einem altklugen Charmeur und Aufschneider. Mit acht Jahren, als ich mich als Anfeuerer für das Schulteam meiner Schwester versuchte, fand ich meine ‚wahre Berufung' im Leben. Ich entdeckte, daß Unterhaltungskünstler Aufmerksamkeit erregen. So wurde ich der unterhaltsame Faxenmacher, besonders für meine Klassenkameraden in der Grundschule. Ich wurde so etwas wie eine Mischung aus Schulschreck und Schulkasper. Ich verfügte über ein unglaubliches Talent, Lehrern den Nerv zu rauben. Darüber später mehr...

Alles ist auf den Stammbaum zurückzuführen

Ich weiß nicht, wie die Familie aussah, in der Sie aufwuchsen. Aber ich vermute, daß Sie ebenfalls eine ganze Reihe von Charakteren aufzählen könnten: die guten Schüler, die Athleten, die Schauspieler, die Aufmerksamkeitsheischer und diejenigen, die schwerer einzuordnen sind. Nach nunmehr zwei Jahrzehnten der Beschäftigung mit Psychologie in Theorie und Praxis bin ich mir nur über einige Dinge ganz im klaren:

1. Die engsten und intimsten Beziehungen, die wir im Leben haben, sind die innerhalb unserer Familien – der, in der wir aufwuchsen, und der, die wir durch Heirat selber geschaffen haben.
2. Ein heranwachsendes Kind ist keinen prägenderen Einflüssen ausgesetzt als denen in seiner Familie. (Natürlich verbringen Kinder auch viel Zeit in der Schule, im Sportverein, in Jugendgruppen, usw; aber das ist nur ein Tropfen in einem Eimer verglichen mit dem, was sie zu Hause erleben.)

3. Die Beziehung zwischen Eltern und Kindern ist fließend, dynamisch und von äußerster Bedeutung. Mit jedem neugeborenen Kind ändern sich die gesamten familiären Lebensbedingungen. Zu einem wesentlichen Teil wird das endgültige Schicksal eines Kindes von der Art bestimmt, wie Eltern mit ihm umgehen, sobald es in den Kreis der Familie eintritt.

Ich bin mir nicht ganz sicher, ob die letzte Bemerkung einleuchtend ist oder nur ein bißchen feierlich klingt. Ich weiß nur, daß mein Vater nie die Gelegenheit hatte, über die achte Klasse hinauszukommen, und er sich für wenigstens einen seiner Söhne wünschte, daß er Arzt werden möge. Ich glaube nicht, daß seine Vorliebe für den Arztberuf auf irgendwelchen menschheitsrettenden Vorstellungen beruhte. Er wußte nur, daß Ärzte hoch angesehen und gut bezahlt waren. Ausbildung wurde für ihn zu einem jener wichtigen Werte, die er auch seinen Kindern vermittelte – selbst dem kleinen Kevin, der nicht so vielversprechend war wie seine älteren Geschwister.
Hat das eine prägende Wirkung gehabt? Nun ja, die erstgeborene Schwester Sally konnte jedenfalls gar nicht genug Einser bekommen. Mein Bruder Jack ist Psychologe, und irgendwie muß das auch auf ‚Bärchen' Kevin Eindruck gemacht haben. Bei Sally und Jack war der Erfolg im Beruf keine so große Überraschung. Wie aber hat es Kevin, der ‚Clown', geschafft, einen Doktortitel zu bekommen? Lassen wir es jetzt damit bewenden, daß wir es in die Kategorie der kleineren Wunder einordnen...

4. Wir machen uns nicht genügend Gedanken darüber, wie unser Ast an den Familienbaum paßt. Erstgeborener oder das einsame Einzelkind, Mittelkind oder ‚Nesthäkchen' – wir alle sprießen in eine eigene Richtung und leisten unsere eigenen, einzigartigen Beiträge.

Vielleicht sind Sie noch ein wenig skeptisch. Ich erinnere mich an einen Mann, der zu mir meinte: „Ich habe einmal einen Vortrag über Geschwisterkonstellation gehört (oder ein Buch darüber gelesen). Die Beschreibungen darin treffen auf meine Familie

absolut nicht zu. Dazu kommt, daß ich ein Erstgeborener bin, und das ist mir nie irgendwie zustatten gekommen. Ich habe daraus keine Vorteile ziehen können."
Ich lächelte, nickte zustimmend und sagte: „Ja, es ist ganz deutlich, daß Sie ein Erstgeborener in Ihrem ‚Familienzoo' sind. Nehmen Sie Platz, und lassen Sie mich Ihnen erklären, wie sich die Sache verhält..."

KAPITEL 2

Sie und Ihr „Familienzoo"

Immer wieder tritt jemand an mich heran – meist ein Erstgeborener, denn die neigen eher zu analytischem und kritischem Denken – und äußert lauten Protest darüber, daß die ‚typischen' Beschreibungen des letztgeborenen Kindes so überhaupt nicht auf seine (oder ihre) Familie zutreffen (oder es zumindest für ihn/sie so scheint). Ich freue mich über solche Einwände, weil sie mir dabei helfen, der betreffenden Person einen tieferen Einblick in die Geburtenfolge zu vermitteln.
Wie läuft so ein Gespräch ab, das ich nach einem Seminar oder Workshop mit einem Ratsuchenden führe? Stellen wir uns einmal vor, ‚Frank, der Erstgeborene', kommt auf mich zu:

FRANK, DER ERSTGEBORENE: Ihr System der Geburtenfolge trifft auf meine Familie überhaupt nicht zu. Sie sagen, daß Erstgeborene ordentlich sind. Ich bin der Älteste, und ich bin bekannt dafür, daß mein Schreibtisch der schlampigste von allen ist. Nun, was sagen Sie dazu?
DR. LEMAN: Interessant. Was sind Sie von Beruf?
FRANK, DER ERSTGEBORENE: Ich bin Elektroingenieur.
DR. LEMAN: Das klingt sehr stark nach Struktur und Ordnung – 'ne Menge Mathematik und geistige Disziplin?
FRANK, DER ERSTGEBORENE: Das stimmt schon, aber was sagen Sie zu dem schlampigen Schreibtisch?
DR. LEMAN: Finden Sie denn alles wieder, was Sie brauchen?
FRANK, DER ERSTGEBORENE: Selbstverständlich. Normalerweise weiß ich immer, wo ich was hingelegt habe.
DR. LEMAN: Das heißt also, Sie haben in Ihrer Unordnung eine gewisse Ordnung? Sie gehen als Ingenieur einer sehr von Disziplin geprägten Beschäftigung nach. Und obgleich

Ihr Schreibtisch unaufgeräumt ist, haben Sie immer das Gefühl, gut organisiert und ordentlich zu sein. Ich vermute, daß Sie ein Perfektionist sind. Perfektionisten stehen nämlich in dem Ruf, schlampige Schreibtische zu haben. Sie drücken damit ihren Unmut darüber aus, daß das Leben nicht immer so verläuft, wie sie es sich wünschen. Und noch eines: Wenn sie auf etwas stoßen, das falsch oder unvollkommen ist, dann neigen sie dazu, diese eine Ungereimtheit zu verallgemeinern und den ganzen Krempel hinzuwerfen. Vielleicht versuchen Sie gerade, das Geburtenfolge-Kind mit dem Bade auszuschütten...

FRANK, DER ERSTGEBORENE: Nun gut, ich bin dafür, die Dinge ordentlich zu erledigen. Außerdem paßt Ihre Beschreibung des jüngsten Kindes ganz und gar nicht auf meine Schwester. Sie sagten, daß das jüngste Kind manipuliert, liebenswert und frühreif ist und ein einnehmendes Wesen hat – ein echter Verkäufertyp. Meine jüngste Schwester ist selbständige Innenarchitektin. Ihre größten Stärken sind ihr Organisationstalent und ihr kaufmännisches Geschick. Sie ist ziemlich zurückhaltend und überläßt das Verkaufen ihren Angestellten. Die Beschreibung des Verkäufers mit dem gewinnenden Wesen trifft allerdings genau auf meinen Bruder zu. Er wurde mit dem Vertrieb von Computer-Software so erfolgreich, daß er jetzt eine eigene Firma, ein tolles Haus, ein schickes Auto etc.... besitzt.

DR. LEMAN: Gestatten Sie mir die Frage: Sind Ihr Bruder und Sie sich eigentlich ähnlich?

FRANK, DER ERSTGEBORENE: Oh, das kann man nicht gerade behaupten. Während ich auf der Oberschule nur einen guten Freund hatte, hatte er gleich Dutzende. Ich war Leichtathlet und lief die Mittelstrecke, er spielte Football. Nach Abschluß der Schule ging er in den Verkauf, und ich ließ mich zum Ingenieur ausbilden. Im Gymnasium gab ich ihm Nachhilfe in Algebra. Die beherrscht er bis heute noch nicht, aber er verdient trotzdem dreimal soviel wie ich. Die Grundrechenarten beherrscht er ausgezeichnet – wie etwa bei Einzahlungen auf seinem Bankkonto.

DR. LEMAN: Also gut. Lassen Sie mich sagen, was ich über Sie und Ihren Bruder denke. Es ist ganz normal – fast schon unvermeidlich –, daß der Zweitgeborene sich vom Erstgeborenen unterscheidet. Jeder Ast am Familienbaum treibt in eine andere Richtung. Sie als Erstgeborener hielten Ihre Augen auf Vater und Mutter gerichtet. Die waren für Sie die ersten Vorbilder, die Sie hatten. Sie waren eher schon ein kleiner Erwachsener – perfektionistisch, verläßlich, gewissenhaft, ein guter Rechner –, und wollten, daß immer alles seine Ordnung hatte. Ihr kleiner Bruder blickte zu seinem großen Bruder auf und erkannte, daß es besser wäre, einen anderen Weg zu gehen. Mathematik war nicht seine Sache. Er verzog sich lieber zu seinen Freunden. Sie liefen Mittelstrecke (eine Sportart für Einsame), er spielte im Football-Team (wo er seine Freunde traf).

FRANK, DER ERSTGEBORENE: Und was sagen Sie zu meiner jüngsten Schwester Nana?

DR. LEMAN: Nana war zwar das dritte Kind, doch das erste Mädchen. Ich vermute, daß Ihr Bruder Willi mehr das Nesthäkchen war als Ihre Schwester. Wahrscheinlich haben Sie ihm Hindernisse aus dem Weg geräumt, und er hat gelernt, sich auf seinen erfahrenen Bruder zu verlassen – zumindest bis er sich draußen seine eigenen Freunde suchen konnte. Sagen Sie mir noch: wieviele Jahre liegen zwischen Ihrem Bruder und Nana, der Jüngsten?

FRANK, DER ERSTGEBORENE: Nana ist sechs Jahre jünger als Willi; und was das andere angeht, da haben Sie recht: Meine Mutter trug mir häufig auf, meinen Bruder zu hüten, bis er in die dritte Klasse ging. Das fand ich immer furchtbar; vor allem hatte er es raus, mich zu ärgern und mir den Nerv zu töten. Und wenn ich ihm dann eine schmierte, schrie er Zeter und Mordio.

DR. LEMAN: Das überrascht mich nicht. Nana dagegen wurde als Letzte geboren, aber zu einem sehr späten Zeitpunkt. Man dachte, sie wäre das Nesthäkchen der Familie, doch sie wurde so spät nach Willi geboren, daß sie wahrscheinlich als Einzelkind aufwuchs. Und – sie war das erste Mädchen; das ist ebenfalls von Bedeutung. Hat sich einer von Ihnen um Nana gekümmert?

FRANK, DER ERSTGEBORENE: Eigentlich nicht. Wir waren viel zu sehr mit unseren eigenen Dingen beschäftigt.
DR. LEMAN: Dann ist es wirklich nicht überraschend, daß Nana Züge eines Erstgeborenen an den Tag legte. Wahrscheinlich verbrachte sie viel Zeit alleine spielend...
FRANK, DER ERSTGEBORENE: Das nehme ich an. So haben Sie sich also wieder herausgewunden! Na ja, mir macht es Spaß, euch Psychologen ein wenig auf den Zahn zu fühlen mit euren Theorien. Es sieht fast so aus, als könnten Sie aus dieser ‚Geburtenfolge' alles herauslesen, was Sie nur möchten.
DR. LEMAN: Nicht, was Sie meinen, Frank! Unser Gespräch hat allerdings bewiesen, daß Sie eindeutig ein Erstgeborener sind: äußerst skeptisch und mit analytischem Verstand ausgestattet. Ich bin froh, daß Sie mich zu dieser ‚typischen' Beschreibung des Erst-, Mittel- und Letztgeborenen herausgefordert haben. In Wahrheit sind diese typischen Charakterisierungen nur ganz allgemeine Aussagen. Die Menschen können sich darin unterscheiden, wo sie geboren wurden, in ihrer Geschlechtszugehörigkeit, der gegebenen Familiensituation. All diese Kräfte spielen eine Rolle. Generell spricht man von einer ‚Familienkonstellation'. Ich spreche lieber vom ‚Familienzoo'...

Jeder Familienzoo ist anders

Dieses Gespräch mit Frank, dem Erstgeborenen, war rein hypothetisch. Den Hintergrund dafür bilden jedoch viele Diskussionen, die ich mit Leuten geführt habe, die meine Geschwisterkonstellations-Theorien anzweifelten. Die sogenannten Ungereimtheiten, auf die die Leute immer wieder hinweisen, sind nur Wegweiser, die auf den interessantesten und unterhaltsamsten Aspekt dieser Theorie deuten: auf das, was ich den ‚Familienzoo' nenne. (Möglicherweise ziehen Sie den würdigeren Begriff ‚Familienkonstellation' vor. Weil ich aber mit so manch verzweifelter Mutter zu tun habe, die sich mit drei oder vier kleinen ‚Rotznasen' herumschlägt, die sie den letzten Nerv kosten, ist

leicht nachzuvollziehen, warum mir der Begriff ‚Zoo' näherliegt.)
Die Theorie der Geschwisterfolge besteht nicht aus einer einfachen 1,2,3-Systematik, die aufzeigt, daß alle Erstgeborenen so, alle Zweitgeborenen anders und die Letztgeborenen noch anders sind. Es gibt vielmehr Tendenzen und Charakteristika, die oftmals zutreffen. Das Problem aber besteht darin, daß zwischen Familienmitgliedern dynamische (in ständiger Bewegung befindliche) Beziehungen bestehen. Wie kommt es nun, daß zwei, drei oder mehr Kinder von denselben Eltern abstammen, im selben Haus leben und sich doch so verschieden entwickeln? Das ist die wirklich wesentliche Frage. Die Beschäftigung mit der Geburtenfolge kann bei der Beantwortung dieser Frage Hilfestellung leisten, solange man sich der veränderlichen Größen bewußt ist, die auf die Familiensituation einwirken.
Welches sind nun diese ‚veränderlichen Größen'? Nach meiner Meinung gehören dazu: der Abstand (die Anzahl der Jahre) zwischen den Kindern, das Geschlecht des Kindes, körperliche Unterschiede oder Behinderungen, die Position der Eltern im Kreise ihrer Geschwister, die Vermischung von zwei oder mehr Familien, die durch Tod oder Scheidung zustande kommt, und schließlich die Beziehung der Eltern zueinander. Schauen wir uns diese Größen nun nacheinander an, und zeigen wir ein paar mögliche Verbindungen auf, die die Konstellation in der Familie radikal beeinflussen können.

Der Altersabstand

Eine ganz offensichtliche – und bedeutungsvolle – Variable der Geburtenfolge entsteht durch den Altersabstand der Kinder. Viele Eltern versuchen, ihre Kinder im Abstand von zwei Jahren zu bekommen (drei wären tatsächlich der ‚ideale' Abstand). Das läßt sich allerdings nur selten so genau planen. Häufiger finden wir eine größere Alterskluft zwischen den Kindern vor. Sie kann dazu führen, daß sich eine weitere ‚Familie' bildet. Sobald ein Altersunterschied von fünf oder mehr Jahren besteht, bedeutet das meist, daß eine ‚zweite' Familie entstehen wird. Anhand des

Schaubildes der Familie A zeigen wir auf, wie es dazu kommen kann:

Familie A

Junge	– 14
Mädchen	– 13
Junge	– 6
Mädchen	– 5

Die Linie kennzeichnet den offensichtlichen Bruch in der Geburten-Rangordnung. Die Kluft von sieben Jahren zwischen dem zweiten und dritten Kind schafft eine Situation, die leicht dazu führen kann, daß der drittgeborene Sohn Tendenzen eines Erstgeborenen herausbildet. Das heißt allerdings nicht, daß er nicht auch Wesensmerkmale eines mittleren Kindes aufweisen würde (bei einer Familie mit vier Kindern nehmen das zweite und das dritte Kind die Positionen von Mittelkindern ein). Er könnte sich immer noch zu einem Vermittler entwickeln und einen großen Freundeskreis haben. Er kann aber auch ziemlich ‚erwachsen' sein – gewissenhaft sein, hohe Ansprüche stellen –, weil er so viele Vorbilder hat. Dabei wären es nicht nur seine Eltern, die ihm diese Eigenschaften vorleben, sondern auch die größeren Geschwister.

Noch etwas anderes zu Familie A: In der ‚älteren' Familie (die Vierzehn- und Dreizehnjährigen) kann es zwei mögliche Kombinationen geben. Entweder entwickeln die Kinder Eigenschaften eines erstgeborenen Sohnes und einer erstgeborenen Tochter, oder aber es entsteht die Konstellation eines erstgeborenen Sohnes und eines Nesthäkchens. Da käme es dann zu einem großen Teil auf die Werte der Familie an.

In einem eher traditionell ausgerichteten Elternhaus bekäme der älteste Sohn die ‚männlichen' Arbeiten übertragen wie Rasen mähen, Unkraut jäten, dem Vater helfen. Seine jüngere Schwester würde mit Aufgaben betraut, die sie als ‚Helferin der Mutter' kennzeichneten: bügeln, putzen, abwaschen usw. In dieser Familie wird sich die jüngere Schwester eher zu einem ‚verwöhnten Nesthäkchen' entwickeln als zu einer ‚erstgeborenen Toch-

ter'. Man bringt ihr bei, sich als Frau zu verhalten, während ihrem Bruder all die ,männlichen' Tätigkeiten übertragen werden.
Sieben Jahre später wird es in der traditionell geprägten Familie noch einmal zu einer ähnlichen Situation kommen – ein weiterer ,erstgeborener' Sohn und eine jüngere Schwester, aus der wieder eine verwöhnte ,kleine Prinzessin' wird. Aber einmal angenommen, wir ändern die Wertvorstellungen der Familie A. Gehen wir einmal davon aus, daß die Eltern sich vornehmen, die Aufgaben gleichmäßig unter den Kindern aufzuteilen. Die Jungen waschen auch mit ab und bekommen andere Hausarbeiten übertragen. Die Mädchen versuchen zumindest, den Rasenmäher in Gang zu setzen. Da haben wir dann die Umstände, die einen erstgeborenen Sohn und eine erstgeborene Tochter hervorbringen können, sieben Jahre später gefolgt von ebenfalls einem weiteren erstgeborenen Sohn und einer erstgeborenen Tochter. Eine ,Prinzessin' würde es nicht geben, weil die Eltern es gar nicht dazu kommen ließen.

Die Geschlechtszugehörigkeit

Eine Möglichkeit, wie das Geschlecht die Geburtenfolge beeinflussen kann, haben wir schon erwähnt, als wir aufzeigten, wie ein drittes Kind zu einem ,erstgeborenen Mädchen' werden kann. Richtig interessant wird es aber erst, wenn man von einer anderen Konstellation ausgeht: vier Jungen und ein Mädchen. Man muß kein Psychologe sein, um zu erkennen, daß ein Mitglied dieser Familie etwas Besonderes darstellt. Und der Effekt, der sich daraus für mindestens einen der Brüder ergibt, kann sich zwischen ,erheblich' und ,furchteinflößend' bewegen. Das hängt davon ab, an welcher Stelle sich das Mädchen in der Geschwisterreihe befindet. Schauen wir uns zum Beispiel Familie B an:

Familie B

Junge — 16
Junge — 14

Junge	–	12
Mädchen	–	11
Junge	–	9

Was glauben Sie, welches Kind bei dieser Konstellation am wenigsten zu beneiden ist? Wenn Sie auf den drittgeborenen Sohn getippt haben (den Zwölfjährigen), dann war das der sprichwörtliche Nagel auf den Kopf. Warum gerade er? Weil die Mutter schon dreimal mit einem Sohn aus der Klinik heimgekommen war. Dabei hatten sich die Eltern doch so auf eine Tochter gefreut. Und nun ist sie da, die Prinzessin. Sie kam fünfzehn bis achtzehn Monate nach dem dritten Sohn, der dazu verdammt ist, sich nach ihr zu richten, obwohl sie noch nicht einmal laufen kann!
Was glauben Sie, wer außerdem noch den von der Kleinen ausgehenden Druck zu spüren bekommen wird? Ja, genau – welche Ironie! – es wird der Jüngste sein. Zwar ist er das Nesthäkchen der Familie, aber seine ältere Schwester sticht ihn absolut aus. Mit großer Wahrscheinlichkeit wird sie – nach drei aufeinanderfolgenden Jungen – Papas (und Mamas) Sonnenschein sein. Zwei Jahre später kommt aber noch der kleine Benjamin, das Schlußlicht. Ihm wird nicht die ‚normale' Aufmerksamkeit zuteil, die der Letztgeborene sonst erhält: Papa und Mama haben ja schon drei Jungen. Aber sie haben nur ein Mädchen, und das wird mit ziemlicher Sicherheit in den Genuß ganz besonderer Zuwendung kommen.
Für den kleinen Benjamin wird es wahrscheinlich ganz schön hart werden, seinen Anteil an Zuwendung zu erkämpfen. Vermutlich wird er lernen, sich mehr oder weniger ehrlich und, sofern er damit gesegnet ist, mit Gewandtheit durchs Leben zu schlagen. Er hat drei Brüdern ‚über' sich, die nur allzu bereit sind, ihn im Wald allein zurückzulassen oder ihn windelweich zu schlagen (ganz besonders dann, wenn er sie reizt).
Diese Konkurrenzsituation könnte den Kleinen leicht dazu verleiten, sich zum Schlimmsten unter den Schlimmen zu entwikkeln. Genau das habe ich als jüngstes Kind im Angesicht der beiden Superstars über mir getan. Es besteht die Möglichkeit, daß aus Benjamin ein Unheilstifter, ja sogar ein Straffälliger wird.

Seine Schulzeit verbringt er womöglich als intellektuelle Null, wenn er nicht gar ‚verhaltensgestört‘ wird. In einer weniger krassen Ausprägung könnte er zu einem Faulpelz werden, der nur unter Druck bereit ist, zu lernen.
Und welcher Sohn ist der absolute Champion? Mit größter Wahrscheinlichkeit der älteste, der voraussichtlich ein hervorragender Schüler sein wird. Nur mit seinem jüngeren Bruder wird es viele Streitereien geben. Das ist aber normal, wenn das zweitgeborene Kind vom selben Geschlecht ist wie das erstgeborene. Wenn der Älteste eine Forschernatur ist, ist der zweitgeborene meist ein sportlicher Typ – oder er zieht es vor, im Schulorchester zu spielen und dem dritten Bruder den Sport zu überlassen. Sollte sich dieser tatsächlich zum Sportler entwickeln, dann könnte das seine Rettung bedeuten. Irgendwie muß er schließlich seine Frustrationen ‚abarbeiten‘, die er durch den Konkurrenzkampf mit der kleinen Prinzessin-Schwester erleidet.
Dies ist nur ein Beispiel dafür, welche Konsequenzen das Geschlecht eines Kindes auf die Familie ausüben kann. Als Faustregel gilt: Wenn durch die Verschiedenheit des Geschlechts eines der Kinder in eine ‚besondere‘ Position gerät, dann ist es wahrscheinlich, daß die Geschwister unmittelbar vor oder hinter ihm starkem Druck ausgesetzt sind.

Körperbau

Eine weitere veränderliche Größe, die den Geburtenfolgefaktor auf den Kopf stellt oder ihn zumindest ein wenig aus dem Gleichgewicht bringen kann, besteht in einem ausgeprägten Unterschied von Körperbau und körperlichen Fähigkeiten. Nehmen wir beispielsweise den zehnjährigen Christoph. Er ist zwar der Älteste, wird aber immer noch der ‚Kleine‘ genannt. Warum? Weil er einen Bruder hat, Simon, der zwar ein Jahr jünger, aber fast zehn Zentimeter größer und zwanzig Pfund schwerer ist.
In einer solchen Familiensituation mit zwei Kindern – beides Jungen – und mit der natürlichen Rivalität zwischen ihnen, sollte Christoph eine Idee schneller und geschickter sein, sonst könnte er Schwierigkeiten bekommen!

Schauen wir uns ein weiteres, allzu häufig auftretendes Beispiel an: Samantha, zwölf Jahre alt, die Erstgeborene, ist außerordentlich hübsch, während Anne, zehn Jahre alt, zweitgeborenes und letztes Kind, absolut unscheinbar ist. Anne ist damit der typische Anwärter für ein schwach ausgeprägtes Selbstbewußtsein. Schönheit ist in der Tat der Goldschatz menschlicher Werte. [1)] Es ist traurig, aber wahr: die Erwachsenen werden sich lieber mit der niedlichen Sami beschäftigen als mit der unauffälligen Anne. Wenn es Anne nicht gelingen sollte, eine Art ‚Geheimwaffe' zu entwickeln (sportliche oder schulische Erfolge etwa), dann steht ihr die trostlose Laufbahn als ‚Samis langweilige kleine Schwester' bevor.

Erweitern wir die Zahl der Geschwister auf vier, und nehmen wir einmal an, daß eines der vier an einer schweren Krankheit leidet. Familie C stellt sich dann so dar:

Familie C

Junge	–	14
Junge	–	12
Mädchen	–	10 (an Gehirnlähmung erkrankt)
Mädchen	–	8

Hier haben wir eine Familie mit einem ‚Spezialfall' vor uns. Wir können von vornherein mit einiger Sicherheit feststellen, daß das achtjährige Mädchen nicht das Nesthäkchen sein wird – eher wird sie wohl die Rolle des erstgeborenen Mädchens übernehmen. Das nennt man eine ‚Rollenverkehrung' (oder einen Rollentausch): zwei Kinder, die einen Purzelbaum schlagen. Die erstgeborene Tochter, die Opfer eines schweren körperlichen Leidens ist, wird zum ‚Baby' in der Familie, während die jüngste Schwester in die Rolle der erstgeborenen Tochter schlüpft (wie sie auch die Rolle eines Mittelkindes übernimmt).

Und die beiden älteren Brüder? Wahrscheinlich wachsen sie zu zwei empfindsamen Männern heran, die Frauen gegenüber sensibel reagieren. Sie werden viel Zeit aufbringen, um sich ihrer behinderten Schwester liebevoll anzunehmen. Vermutlich wird das nicht immer voller Begeisterung geschehen. Aber der ‚Ernst des Lebens' wird sie zu sensibleren Männern formen, als sie es ohne ihre behinderte Schwester geworden wären.

Noch ein anderes Beispiel paßt in diese Kategorie. Es ist nicht unbedingt augenfällig, aber sehr wirklichkeitsnah. Familie D sieht folgendermaßen aus:

Familie D

Mädchen — 10

Hier steht es also vor uns – das Einzelkind, oft auch als ‚einsamer Einzelgänger' charakterisiert. In unserem Fall, mag es einsam sein oder nicht, wird es ganz bestimmt den Ton angeben. Seit früher Kindheit hat sich alles um dieses Mädchen gedreht, und mit jedem Jahr wird es schlimmer. Jetzt, als Zehnjährige, beherrscht sie ihre Eltern nicht nur, sie richtet sie zugrunde! Wenn sie nicht das bekommt, was sie möchte, dann nimmt sie es sich einfach.

Derartige Fälle kommen in der Beratung häufiger vor. Es dauert auch nicht lange, bis man einige grundlegende Informationen (und Erklärungen) herausfindet. Ehe die kleine Helga das Licht der Welt erblickte, hatte ihre Mutter schon zwei Fehlgeburten erlitten. Dies ist natürlich ein wesentlicher Schlüssel dafür, warum sich Helga zu einer solch schrecklichen Plage entwickelte. Eine Frau, die zwei Fehlgeburten hinter sich hat, kann augenblicklich in Tränen ausbrechen, wenn sie im Supermarkt eine Mutter mit einem Baby erblickt. Helgas Mutter wünschte sich nach den Fehlgeburten so sehr ein Kind, daß Helgas Geburt schließlich mehr als nur von großer Bedeutung war.

Eltern begehen im Namen der Liebe eine Menge Fehler. In Helgas Fall haben Vater und Mutter zwar nur einen gemacht, aber den gründlich: Sie waren zu nachsichtig und nachgiebig. Der körperliche Unterschied bestand in diesem Fall darin, daß es zwei durch Fehlgeburten verlorene Nachkommen gegeben hatte und jetzt ein sehr lebendiges kleines Mädchen da war. Die Eltern verwöhnten (und damit verdarben) ihr Kind nicht nur, sie übertrieben es einfach mit allem. Als sie zehn Jahre alt war, konnte Helga sie nach Strich und Faden an der Nase herumführen! Es bedarf einer Menge Geduld und Entschlossenheit, eine solche Familie wieder ins rechte Lot zu bringen.

Geschwisterkonstellation der Eltern

Bisher haben wir uns nur mit den verschiedenen Geschwisterkonstellationen bei Kindern beschäftigt. Was aber ist mit den Eltern? Die Geburtenfolge der Eltern kann ebenfalls einen großen Einfluß auf die Situation in der Familie ausüben.

Eine ganz spezielle Dynamik liegt in der Neigung des Elternteils, sich besonders mit dem Kind zu identifizieren, das der eigenen Position in der Geschwisterkonstellation entspricht.

Ich erinnere mich an eine Vorlesung über Kinderpsychologie, die ich als außerordentlicher Professor an der Universität von Arizona hielt. In einer der Stunden führten wir vor 200 Studenten, von denen die Mehrheit Lehrer und Berater waren, eine ‚Demonstration von Familienkonstellationen' durch. Ich stellte eine Familie, bestehend aus Vater, Mutter und drei Kindern vor, mit denen ich mich eine Zeitlang vor den Zuhörern beschäftigte, einzeln und gemeinsam.

Nachdem die Familie den Saal wieder verlassen hatte, bat ich um Reaktionen und Wortmeldungen aus dem Publikum. Da die meisten der Zuhörer Leute aus der Praxis waren, war ich auf ihre Reaktionen sehr gespannt. Es wurden zwar unterschiedliche Beobachtungen zum Ausdruck gebracht, aber in einem Punkt gab es große Übereinstimmung: „Es sah so aus, als fühlten Sie sich dem jüngsten der Kinder, dem vierjährigen Mädchen, am meisten zugetan."

Ohne mir Gedanken darüber zu machen, antwortete ich: „Ja! War sie nicht goldig?"

Aber dann traf es mich wie ein Schlag. Natürlich fand ich das Jüngste goldig! Ich selbst war es doch schließlich auch ... Mein ganzes Leben lang war ich als niedlich und süß bezeichnet worden.

Wenn ich nun schon einmal dabei bin, über mich und den Umgang mit meinen eigenen drei Kindern nachzudenken: An wessen Späßen ergötze ich mich am meisten? Natürlich an denen von Kevin II, unserem Jüngsten! Wenn Holly, unsere Zwölfjährige, oder Krissy, unser mittleres Kind, elf Jahre alt, zu mir kommen und sich über Kevey, den Siebenjährigen, beklagen, daß er sie drangsaliere und piesacke, dann sage ich: „Schau, er ist doch unser Kleinster... kleine Brüder verhalten sich nun mal so gegenüber ihren Schwestern."

Andererseits bin ich wohl eher etwas strenger, wenn Kevin derjenige ist, der klagt und sich über seine Schwester Holly beschwert. Wir neigen, so scheint mir, eher dazu, von unseren älteren Kindern mehr zu erwarten, besonders von Erstgeborenen. Wäre ich Holly gegenüber so streng, wenn ich in meiner Familie der Älteste gewesen wäre? Ganz gewiß bin ich nicht der einzige, der sich mit dem Kind (über-)identifiziert, das ihm in der Geschwisterreihe selbst am nächsten steht.

Noch ein Beispiel. In der Familie E sind beide Eltern Erstgeborene:

Familie E

Ehemann	—	Erstgeborener und Zahnarzt
Ehefrau	—	Erstgeborene und Vorsitzende des Elternbeirats
Mädchen	—	16
Mädchen	—	14
Mädchen	—	12

Wer hat die günstigste Position in dieser Familie inne? Hier kann der Fall eintreten, daß sich die Eltern mit der sechzehnjährigen Erstgeborenen ‚überidentifizieren', jedoch nicht unbedingt in einer nachsichtigen Weise. Das älteste Mädchen wird wahrscheinlich in die zum Perfektionismus tendierenden Wertmaßstäbe der erstgeborenen Eltern gezwängt. Deren Art der Über-Identifizierung wird darin gipfeln, die älteste Tochter unter großen Leistungsdruck zu setzen.

Tatsächlich könnte es sein, daß die mittlere Tochter hier in der besten Position ist. Ihre große Schwester hat ihr nämlich die Steine aus dem Weg geräumt und viel von der auf Perfektion gerichteten Energie, die die beiden erstgeborenen Eltern gerne auf ihr erstes Kind ‚übertragen', in sich aufgesogen.

Wie steht es nun um das drittgeborene Kind in dieser Konstellation – das Nesthäkchen? Wir erinnern uns, daß sich Eltern gern mit dem Kind, das ihrer eigenen Rangfolge am nächsten steht, identifizieren. Die Wahrscheinlichkeit ist daher ziemlich groß, daß weder der erstgeborene Zahnarzt noch die erstgeborene

Vorsitzende des Elternbeirats sich von den frühreifen und manipulierenden Verhaltensweisen des letztgeborenen Mädchens betören lassen.

In dieser Familie – wie übrigens in jeder anderen auch – kommt es zu einem großen Teil auf den Erziehungsstil an. Pflegen beide Eltern den autoritären Stil, d.h. begegnen sie ihren Kindern mit Härte und Unvernunft, dann können sie damit erreichen, daß die älteste Tochter aufbegehren und rebellieren wird. Sie wäre ein aussichtsreicher Anwärter dafür, in der Schule zu versagen – vielleicht sogar mit Absicht –, nur um die Pläne ihrer ‚perfektionistischen Eltern' zunichte zu machen.

Haben diese Eltern andererseits ein paar gute Ratschläge beherzigt, sind sie vielleicht in der Lage, zwischen einem autoritären und einem ausgewogenen Erziehungsstil, der zwar Ansprüche stellt, aber gerecht und vernünftig ist, zu unterscheiden. Das würde ihnen helfen, ihre älteste Tochter dazu zu bringen, das Abitur zu machen und sich ‚vernünftig' ausbilden zu lassen.

Was geschieht, wenn zwei Familien zusammenleben?

Als Familienberater, der sich in der Beratung von Stieffamilien auskennt, bin ich versucht, den Rat zu erteilen: „Liebe wird beim zweiten Mal selten schöner." Ich will keineswegs zynisch sein oder alles zu schwarz sehen. Die Statistiken sprechen jedoch eine deutliche Sprache. Mit Erstgeborenen, Mittel- und Letztgeborenen klarzukommen, ist schon eine ziemliche Herausforderung. Wenn man aber zwei Familien zusammenlegt, dann kann der Umgang mit den Kindern erst recht schwierig werden.

Wenn mir jemand, der Kinder hat, erzählt, daß er überlegt, sich mit einem anderen Partner, der ebenfalls Kinder hat, wieder zu verheiraten, dann äußere ich mich meist folgendermaßen: „Man kann in einer Stieffamilie leicht untergehen." Es ist schon schwierig genug, wenn einer der Ehepartner Kinder mit in die neue Ehe bringt. Aber nimmt man dann die Verwicklungen und Probleme hinzu, die zwei Gruppen von Kindern, die mit den Eltern unter einem Dach leben, verursachen, dann kann das hart sein – sehr

hart. Obwohl viele Menschen das wissen, scheinen sie sich davon nicht beeindrucken zu lassen. Es ist naiv, anzunehmen, daß zwischen allen Angehörigen einer Stieffamilie plötzlich Zuneigung und Liebe ausbricht. Und doch heiraten viele Leute wieder, weil sie glauben, daß ‚es bei uns anders sein wird'. Stiefeltern müssen sich vor Augen halten, daß die ‚neuen' Stiefkinder in ihrer vorherigen Familie über Jahre hinweg besondere Beziehungen gehabt haben. Es ist absolut unvernünftig, anzunehmen, daß eine Eltern-Kind-Beziehung, die zehn oder zwölf Jahre angehalten hat (oder wie alt das Kind auch immer sein mag), plötzlich nichts mehr gelten soll.
Für den Erfolg beim Aufbau echter und positiver Beziehungen in Stieffamilien spielt das Alter der Kinder zum Zeitpunkt der Wiederheirat eine wesentliche Rolle. Sind die Kinder noch jung – beispielsweise ein Jahr und drei Jahre, die Stiefschwestern und die Jungen, mit denen sie in der neuen Familie zusammengebracht werden, zwei und vier Jahre alt – dann stehen die Chancen um vieles besser. Ihre Persönlichkeit bildet sich noch aus, und die Zeit läuft für die Eltern.
Wenn die Kinder jedoch älter sind – ein zehnjähriges Mädchen trifft mit einer Stiefschwester von dreizehn Jahren und einem Stiefbruder von fünfzehn Jahren zusammen – dann haben wir es mit Persönlichkeiten und Beziehungen zu tun, die schon weit entwickelt sind. Der Aufbau neuer Beziehungen zwischen allen Beteiligten wird Zeit in Anspruch nehmen, Geduld – und wahrscheinlich ein Quentchen Glück.
Wie wirkt sich nun das Element ‚Geschwisterfolge' bei der Mischfamilie aus?

Familie F

Vaters Kinder		Mutters Kinder	
Junge	– 12	Junge	– 13
Junge	– 11	Junge	– 11
Mädchen	– 9	Mädchen	– 8

Bei einer so gearteten Konstellation wird es zwangsläufig zu Spannungen kommen. Jede einzelne Gruppe von Erst-, Zweit-

und Drittgeborenen ist schon in den natürlichen Kampf um die Verteilung des Kuchens verstrickt. Wenn Leute zu mir kommen, die eine solche Eheverbindung erwägen, dann lautet meine prompte Empfehlung: „Tun Sie es nicht!" Es ist eine Situation, in der es nichts zu gewinnen gibt.

Kommen dann Ratsuchende zu mir, die eine solche Verbindung bereits eingegangen sind, bin ich versucht, scherzhaft zu fragen: „Ihre einzige Hoffnung ist jetzt wohl, Ihre Kinder loszuwerden? An der Küste zahlen sie ganz gute Preise!"

Das ist natürlich ein schlechter Witz. Aber es stimmt schon: Der Feind vieler Stieffamilien sind die Kinder. Sie finden es ganz normal, sich das Scheitern der neuen Ehe zu wünschen und auch daran zu arbeiten. Warum? Weil sie sich immer noch dem nicht mehr vorhandenen Elternteil verpflichtet fühlen. Sie können einfach nicht akzeptieren, daß Vater oder Mutter mit einem anderen Partner zusammenlebt.

Steht jede auf diese Weise vermischte Familie vor so vielen Schwierigkeiten wie Familie F?

Zwei weitere Beispiele zeigen uns, wer möglicherweise vor größeren Problemen stehen wird.

Familie G

Vaters Kinder		Mutters Kinder	
Junge	— 16	Mädchen	— 11
Junge	— 14	Mädchen	— 9
		Junge	— 4

Familie H

Vaters Kinder		Mutters Kinder	
Mädchen	— 14	Mädchen	— 13
Mädchen	— 10	Junge	— 10
		Mädchen	— 8

Welches Elternpaar wird seine Familie am ehesten wunschgemäß gestalten können? Für Familie H stehen die Chancen nicht gut, denn dort herrschen die gleichen ‚natürlichen' Konkurrenzprobleme wie bei Familie F: zwei erstgeborene Mädchen, vierzehn und dreizehn Jahre alt, die um den Platz an der Spitze wetteifern, zwei zehn Jahre alte Zweitgeborene, die sich noch mehr eingezwängt fühlen als vorher, wenn sie sich Raum in der Mitte schaffen wollen, dazu von der Seite der Mutter das Nesthäkchen, die kleine achtjährige Prinzessin, die damit beschäftigt ist, ihren Platz im Rampenlicht durch Charme und Tricks zu erobern.

Die besten Voraussetzungen hat zweifellos Familie G. Niemand wird ernsthaft die Position des sechzehnjährigen erstgeborenen Jungen gefährden. Sein nachfolgender Bruder und er haben sich seit vierzehn Jahren zusammen arrangiert. Auf der Seite der Mutter ist der Vierjährige für die beiden nur ein ‚kleines Ekel'. Möglicherweise entschließen sich die beiden Älteren, ihn zu ihrem Maskottchen zu machen, vorausgesetzt, er verhält sich dementsprechend.

Die beiden Mädchen, die Neun- und die Elfjährige, werden für den Sechzehnjährigen keine Bedrohung darstellen. Wenn es zu Reibungen in der Familie kommen sollte, dann entstehen sie möglicherweise zwischen dem vierzehnjährigen Sohn des Vaters und jedem der drei Kinder der Mutter. Über vierzehn Jahre hinweg war er der Kleine in seiner Familie, und dann tauchen unversehens drei neue ‚Kleine' auf, die nun mit ihm um diesen Platz kämpfen. Die erstgeborene Tochter der Mutter stellt wohl das größte Problem dar. Elf Jahre lang hat sie in ihrer Familie den Ton angegeben. Jetzt, da sie in eine künstliche Rolle als Mittelkind gezwängt wird, möchte sie es nicht mit dem sechzehnjährigen Stiefbruder aufnehmen. Doch je nach dem, wie lebhaft und frech sie ist, könnte sie sich auch dazu entschließen, den Vierzehnjährigen als Freiwild zu betrachten.

Alles in allem hat Familie G dennoch eine gute Chance, ihren Weg zu gehen, solange Vater und Mutter miteinander auskommen. In der Tat ist die Beziehung zwischen den Eltern in jeder Familie – und ganz besonders in einer Stieffamilie – das wesentlichste Moment. Das Geheimnis für den Erfolg einer jeden Ehe ist, sich selbst und nicht die Kinder in den Vordergrund zu stellen. Wir werden das noch näher betrachten, wenn wir uns mit dem Thema ‚Geburtenfolge und Ehe' befassen.

Zwillinge sind etwas Besonderes

Ob sie nun ‚geschwisterliche' (zweieiige und sich kaum ähnelnde) oder völlig gleiche (eineiige und gleichaussehende) Zwillinge sind – in jedem Fall stellen sie etwas Besonderes dar. Im Gespräch mit Zwillingen lautet die Schlüsselfrage: „Wer ist zuerst geboren?" Meist ist einer mit der Antwort schnell bei der Hand: „Ich bin der Ältere", selbst wenn es um kaum mehr als eine Minute Abstand geht.
Zwillinge stellen häufig eine interessante Mischung aus Rivalen und Kameraden dar. Der ‚Erstgeborene' übernimmt dabei oft die von Selbstsicherheit zeugende Rolle des Führers, während sich der ‚Zweitgeborene' in die des Folgeleistenden fügt. Ich sage mit Absicht ‚oft' und nicht ‚immer'. Zwillinge können sich auch zu echten Rivalen entwickeln, ganz besonders dann, wenn sie gleichgeschlechtlich sind.[2)]
Betrachtet man sie unter dem Aspekt der ‚Familienkonstellation', dann wird von Zwillingen mit großer Wahrscheinlichkeit Druck ausgehen – vor allem auf die nachgeborenen Geschwister. Schauen wir uns als Beispiel Familie I an:

Familie I

Mädchen	–	12
Junge	–	10
Jungen	–	7 und 7
Mädchen	–	3

In diesem Beispiel haben die Zwillingsbrüder eine erstgeborene Schwester und einen erstgeborenen Bruder über sich. Die beiden älteren Geschwister werden vermutlich in der Lage sein, mit der besonderen Aufmerksamkeit, die Zwillinge nun einmal erregen, fertig zu werden. Das letztgeborene Kind allerdings wird Probleme damit bekommen, selbst wenn es sich wie in unserem Fall um eine ‚Prinzessin' handelt. Dennoch wird sie besser dran sein als ein letztgeborener Junge.
In der Tat ist die günstigste Position für Zwillinge, wenn sie als letzte Geschwister auf die Welt kommen. Das ist auch meist der Fall, da Frauen über Vierzig eher Zwillinge bekommen als Frauen um die Zwanzig.[3)]

Die Geburtenfolge macht uns einzigartig

Dieser kleine Ausflug in die Welten des „Familienzoos" sollte veranschaulichen, wie die Geburtenfolge mitwirkt, aus uns einzigartige Einzelwesen werden zu lassen. Wenn wir nun unseren Rang in der Geschwisterkonstellation den variablen Kräften, mit denen wir uns in diesem Kapitel befaßt haben, zuordnen, erhalten wir einige Anhaltspunkte dafür, warum wir so sind, wie wir sind. Selbstverständlich ist es nicht möglich, exakte Voraussagen darüber zu machen, wie sich jeder von uns letztendlich entwikkelt haben wird. Dazu sind wir doch zu verschieden und komplex. Nur Gott, der uns schon im Mutterleib erkennt[4)], hat ein vollständiges Bild von uns. Aber folgendes können wir mit Sicherheit sagen:

1. In einer Familie zu leben ist eine einzigartige Erfahrung. Jede Familie schließt eine Reihe intimer Beziehungen mit ein, wie sie sonst nirgendwo auf der Welt zu finden sind.[5)] Diese Beziehungen werden zu einem großen Teil vom jeweiligen Rang in der Geburtenfolge mitgestaltet.
2. Die Familie eines jeden Menschen übt einen größeren Einfluß auf ihn/sie aus als jede andere Organisation, Institution oder Erfahrung. Schulen, Kirchen, Vereine, Universität und Berufstätigkeit wirken alle erst später auf das Leben ein, nach den frühen Jahren, die so prägend sind und in denen die grundlegende Persönlichkeit eines jeden Menschen geformt wird. Auch im späteren Leben bleibt der Einfluß der Familie erhalten, selbst über große Entfernungen hinweg, nachdem die Kinder groß geworden sind und das Elternhaus verlassen haben.
3. Für jede Familie gilt, daß der Rang eines Menschen in seiner Geburtenfolge eine lebenslange Wirkung auf das, zu wem oder was er/sie sich entwickelt, ausübt.
4. Ohne Berücksichtigung des Platzes, den wir in unserer Familie einnehmen, gibt es viele Kräfte, die unsere Lebensumstände beeinflussen. Mir ist bewußt, daß ich die vermischten Familien als ‚ziemlich hoffnungslos' beschrieben habe. Reibereien, Schwierigkeiten, Frustratio-

nen und selbst ‚Kriege' scheinen unausweichlich zu sein. Mit gezielter und fachlicher Hilfe kann es jedoch gelingen, weitreichende Fortschritte zu erzielen.

Und dann gibt es natürlich noch einen Faktor, der auf uns einwirkt – das Bemühen, eine aufrichtige Beziehung zu Gott zu finden und es mit dem Glauben ernstzunehmen. Als Christ zwinge ich niemandem meinen Glauben auf. Wenn sich aber eine Gelegenheit bietet, lasse ich andere gern daran teilhaben. Ich habe die unglaublichsten Schicksalswendungen in den hoffnungslosesten Situationen erlebt, einfach nur, weil sich Menschen in ihrer Bedrängnis durch die Kraft des Glaubens helfen ließen.
Nachdem wir nun erste Einblicke in die Geheimnisse der Geburtenfolge getan haben, begeben wir uns jetzt in tiefere Gewässer und schauen uns jede der drei Hauptpositionen in der Geschwisterkonstellation näher an. Dem Erstgeborenen zu Ehren beginnen wir mit ihm.

Zweiter Teil

Die besondere Bürde aller Erstgeborenen

Es ist immer etwas voreilig, die einzelnen Positionen in der Geschwisterfolge mit einem allgemeingültigen Etikett zu versehen. Aber den Erstgeborenen und ihren engen Verwandten, den Einzelkindern, ist tatsächlich eines gemeinsam: der – oft übertriebene – Perfektionismus. Erstgeborene und Einzelkinder erhalten viel Aufmerksamkeit, ernten auch viel Ruhm – und sind einer Menge Druck und Zwängen unterworfen. In den folgenden drei Kapiteln geht es deshalb um:

- das Spiel, das Erstgeborene fast immer gewinnen;
- die Erstgeborenen, die die ‚weißen Haie' des Lebens anziehen;
- die anderen Erstgeborenen, die die ‚weißen Haie' des Lebens jagen;
- den ersten Erstgeborenen der Menschheitsgeschichte und die Frage, warum er einen Mord beging;
- die Erstgeborenen, die über die meiste Disziplin verfügen;
- die Erstgeborenen, die so schnell erwachsen werden müssen;
- die Einzelkinder, die oft einsam und unbeliebt sind;
- die Einzelkinder, die sich selten für ‚gut genug' halten;
- die perfektionistische Frau, die sich selbst zugrunde richtet;
- die schlampigen Zeitgenossen, die dennoch Perfektionisten sein können;
- Tips, die Perfektionisten helfen sollen, zufriedener mit sich selbst und anderen zu sein.

KAPITEL 3

Wer zuerst kommt, mahlt zuerst

Bei meinen Eltern- und Familienseminaren mache ich oft von einer kleinen Lieblingsübung Gebrauch. Sie hilft den Teilnehmern, ihre durch den Rang in der Geburtenfolge geschaffenen Persönlichkeitsmerkmale bewußtzumachen. Gleichzeitig bekomme ich dabei einen besseren Eindruck von den Leuten, mit denen ich es zu tun habe und auch davon, wie ich ihnen am besten helfen kann.

Die Übung sieht folgendermaßen aus:

> Ich bitte die Seminarteilnehmer, sich in Gruppen aufzuteilen – und zwar geordnet nach Einzelkindern, Erstgeborenen, Mittelkindern und Nesthäkchen – und weise ihnen jeweils eine Ecke im Raum zu. Dabei schicke ich die Letztgenannten in die entlegenste Ecke, damit sie die anderen nicht behelligen. In dieser Phase gebe ich den Gruppen noch keine Instruktionen, sondern ermuntere sie nur: „Reden Sie zwanglos miteinander, bleiben Sie aber in Ihrem Kreis."
> Dann schlendere ich so unauffällig wie möglich durch den Raum, schiebe einen kleinen Zettel in die Mitte einer jeden Gruppe und lasse ihn umgedreht auf dem Fußboden liegen. Auch hierbei gebe ich keinerlei Anweisungen – wenigstens keine hörbaren. Auf jedem der Zettel steht folgende Aufforderung: „Glückwunsch! Sie sind der Führer dieser Gruppe. Bitte stellen Sie sich den anderen Leuten in Ihrer Gruppe vor, und fordern Sie jeden einzelnen auf, das gleiche zu tun. Während des Gesprächs erstellen Sie bitte eine Liste mit den Persönlichkeitsmerkmalen, die Sie alle gemeinsam zu haben scheinen. Später sollen Sie die anderen Teilnehmer des Seminars über das von Ihnen ‚zusammengesetzte Bild' in-

formieren. Bitte fangen Sie unverzüglich mit dieser Aufgabe an."

Meistens warten alle Gruppen weiter auf irgendeine mündliche Anweisung von mir. Wenn dann keine erfolgt, kann man gut beobachten, wie die ‚Natur der Geburtenfolge' ihren Lauf nimmt. Wer hebt den Zettel als erster auf? Fast immer ist es jemand aus der Gruppe der Einzelkinder oder Erstgeborenen. Nicht viel später folgen die Mittelkinder, und schon bald sind drei Gruppen im Raum mit ihrer Aufgabe beschäftigt.

Und die vierte Gruppe? Die Letztgeborenen ‚balgen' sich noch übermütig herum, und der Zettel bleibt ungelesen auf dem Boden liegen.

Ich warte noch einen Augenblick und kündige dann an: „Sie haben noch ein paar Minuten, um Ihre Aufgabe zu beenden. Dann werden Sie den übrigen Teilnehmern Ihren Bericht vorstellen."

Die Einzelkinder und Erstgeborenen schauen verstört auf und verdoppeln ihre Anstrengungen. Die Mittelkinder schauen nicht ganz so verängstigt drein, aber auch sie beeilen sich. Die Nesthäkchen aber haben immer noch so viel Spaß miteinander, daß sie meist gar nicht mitbekommen, was ich gesagt habe.

Ich erzähle das nicht, um mich über die Nesthäkchen lustig zu machen. Ich bin ja selbst eins, und wäre ich in dieselbe Situation geraten, hätte ich mich sicher aus Versehen auf den Zettel gestellt. Erinnern wir uns an das kleine Anfangs-Quiz und an die ‚typischen Wesensmerkmale' der Einzelkinder und Erstgeborenen: perfektionistisch, verläßlich, gewissenhaft, Listen-Macher, durchorganisiert, kritisch, ernsthaft, gelehrt.

Dieser Aufstellung könnte man noch hinzufügen: zielorientierte Macher, aufopferungsvoll, gefällig, konservativ, für Recht und Ordnung eintretend, autoritätsgläubig, gesetzestreu, loyal, großes Selbstvertrauen.

In den meisten Büchern zum Thema Geschwisterfolge werden die Erstgeborenen meist ausführlicher behandelt, als ihnen zusteht. Das ist nicht weiter überraschend, denn auf die Erstgeborenen werden große Lobeshymnen angestimmt. Sie sind häu-

fig diejenigen, die Großes erreichen, Erfolg haben und auf ihren jeweiligen Fachgebieten Berühmtheit erlangen.
Erstgeborene kann man nicht übergehen. Sind Sie selber keiner, so werden Sie sich dennoch irgendwie mit ihnen auseinandersetzen müssen. Möglicherweise hat Ihr erstgeborener Bruder oder Ihre erstgeborene Schwester für Sie in Kindertagen den Aufpasser spielen müssen – ein Umstand, der wohl beiden von Ihnen nicht so unbedingt behagt hat. Andererseits werden manche Erstgeborenen ihren jüngeren Geschwistern zu Vorbildern, ja sogar zu zweiten Eltern. Das war bei mir und meiner ältesten Schwester Sally zum Beispiel so.

Was treibt den Erstgeborenen an?

Es gibt zumindest zwei Gründe, warum Erstgeborene meistens so geradlinig (und manchmal auch ein bißchen streng und zugeknöpft) auftreten. Sie heißen: Vater und Mutter. Beim Umgang mit ihrem ersten Kind verhalten sich Eltern oft paradox. Der eine Teil ist überbeschützend, ängstlich, zaghaft und unbeständig, während der andere Teil strikte Disziplin fordert, Ansprüche stellt und ständig zu mehr und besseren Leistungen antreibt.
Es ist tatsächlich so: das Erstgeborene ist ein Versuchskaninchen, an dem Vater und Mutter die Kunst des Erziehens ausprobieren. Es ist schließlich eine neue Erfahrung für sie...
Bereits während der Schwangerschaft ist die Atmosphäre von vielerlei Erwartungen gekennzeichnet. Die Namenswahl, die Geschenke zur Geburt, das Aussuchen der Tapete fürs Kinderzimmer, der Kauf von Babykleidung und Spielzeug – all das ist furchtbar aufregend. (Sind die Eltern selber Erstgeborene oder Einzelkinder, kann man dieser Aufstellung noch Sparschwein und Versicherungspolicen hinzufügen.) Zweifellos übertreiben die Eltern es mit dem Erstgeborenen ein bißchen. Leben die Großeltern in der Nähe, dann unterstützen diese die Freude noch und bannen jeden Schrei, jeden Blick, jede Bewegung mit Omas alter Instamatic auf Film. Die wissenschaftlich fundierte Feststellung überrascht daher auch nicht, daß Erstgeborene eher laufen und sprechen können als Spätergeborene. Bei all der

Paukerei, dem Ansporn, der Ermunterung, die sie über sich ergehen lassen müssen, tun sie es wahrscheinlich aus reiner Selbstverteidigung.
Ein weiteres typisches Merkmal für Erstgeborene ist ihre Ernsthaftigkeit. Das Leben ist etwas Absolutes und Ernstes für einen erstgeborenen Menschen. Er (oder sie) liebt keine Überraschungen. Älteste wollen immer wissen, was geschehen wird und wann es geschehen wird. Ihr Erfolg beruht darauf, die Fäden in der Hand zu halten, pünktlich und gut organisiert zu sein.
Für Erstgeborene gibt es nur Erwachsene als Vorbilder, von denen sie ganz selbstverständlich Erwachsenen-Eigenschaften übernehmen. Meist wachsen Erstgeborene zu Menschen heran, die althergebrachte Werte bewahren möchten. Sie sind ‚kleine Erwachsene', die im Leben häufig leitende Funktionen übernehmen und Außergewöhnliches erreichen.

Sind alle Erstgeborenen gleich?

Ich habe die Erstgeborenen mit ein paar kräftigen, groben Pinselstrichen gezeichnet: organisierte, über-erzogene, über-beschützte, zur Leistung gedrängte Menschen, die etwas erreichen und den Ton angeben wollen. Natürlich ist das Bild vielschichtiger. Insbesondere bei Erstgeborenen gibt es die beiden grundlegenden Typen: nachgiebig und mit dem Wunsch, zu gefallen – oder willensstark und kämpferisch.
Der nachgiebige Erstgeborene ist das ‚Musterkind', das sich zu einem Menschen entwickelt, der anderen gefallen möchte. Die nachgiebigen Erstgeborenen repräsentieren die zuverlässigen, gewissenhaften Wunder dieser Welt. Bittet man sie, etwas zu tun, dann reagieren sie mit: „Ja, Mutti ... Ja, Vati ... Ja, mein Herr ... Nein, mein Herr, es macht mir wirklich nichts aus ..."
Wer hätte nicht gern solche Kinder oder Angestellte um sich? Sie sind gute Schüler und gute Arbeiter. Ihnen ist ein starkes ‚Bedürfnis nach Anerkennung' zu eigen. Sie wollen Anerkennung von Vater und Mutter, vom Chef, von ihrem Ehepartner.
Mein Frau Sande ist ein klassisches Beispiel für den nachgiebigen Erstgeborenen. Nicht weit von unserem Haus in Tucson, Ari-

zona, gibt es ein erstklassiges Restaurant. Zu ganz besonderen Anlässen gehen Sande und ich dorthin zum Essen. An einem solchen Abend bestellten wir wieder einmal unser Menü, das in der gewohnten tadellosen und korrekten Weise serviert wurde. Während ich aß, warf ich einen Blick zu Sande hinüber und bemerkte, daß sie nur am Rand ihres pochierten Lachses herumpickte.

„Wie ist dein Essen?“ fragte ich. „Alles in Ordnung?“

„Oh ... ja. Ist es nicht eines der besten Restaurants, das man sich vorstellen kann?“

Etwas später bemerkte ich, daß Sande immer noch an ihrem Lachs herumpickte. Da platzte mir der Kragen: „Sag mal, ist der Lachs wirklich okay? Du ißt ja kaum etwas.“

„Hm ... in der Mitte ist er überhaupt nicht richtig durch.“

Es stellte sich heraus, daß der Lachs innen so roh war, daß er leicht als Sushi (Rohfisch) hätte durchgehen können. Ich (als jüngstes Kind, das überhaupt nicht weich und nachgiebig ist) bat den Ober zu mir und erklärte ihm den Sachverhalt. Er war sichtlich erschrocken und eilte mit dem Lachs in die Küche. Kurze Zeit später servierte er eine neue Platte mit einem Lachs, der vollendet zubereitet war. Und nicht nur das. Der Koch schickte uns ein spezielles ‚Friedensangebot‘: ein riesiges Dessert „mit Empfehlung des Hauses und der Bitte um Entschuldigung an Madame für die Unannehmlichkeiten.“

Ich erzähle diese Begebenheit nicht, um Ihnen Tips für den selbstbewußten Umgang mit Kellnern zu geben, sondern nur, um Sandes nachgiebiges ‚Ich beschwere mich lieber nicht, sondern finde mich damit ab‘-Wesen deutlich zu machen. Sande ist ein Mensch, der es allen recht machen will, ein Heger und Pfleger – typische Merkmale des nachgiebigen Erstgeborenen.

Er ist es auch, der häufig die ‚großen weißen Haie‘ des Lebens anzieht, die ihm gerne hin und wieder einen dicken Brocken aus dem Leib reißen wollen. Diese Leute kommen oft in meine Beratungen. Ein typisches Beispiel ist ein Mann, der seit einigen Jahren im mittleren Management eines Betriebes arbeitet. Sein Vorgesetzter hat eine eigene Art entwickelt, seinem Mitarbeiter Arbeit ‚zuzuschieben‘. Ständig kommt er ins Zimmer und läßt kleinere Aufträge auf den Schreibtisch herabflattern. Dabei

macht er seinem Untergebenen auch noch klar, daß seine Beurteilung im Mai ansteht.
Nun ist der Erstgeborene, der es doch allen recht machen möchte, mit einer ganzen Menge von Dingen konfrontiert, die gegen ihn arbeiten. Zu Hause warten eine Frau und vier Kinder, die ernährt und versorgt werden müssen. Der weitaus größere psychologische Hammer, der auf ihn einschlägt, ist jedoch die Tatsache, daß er seit seiner Kindheit derjenige war, der für die Erledigung aller anfallenden Arbeiten verantwortlich war. Er mußte den Müll hinausbringen und den Rasen mähen, weil die jüngeren Geschwister noch zu klein oder zu unzuverlässig waren. Eltern machen sich nämlich gern vom Ältesten abhängig.
Trifft nun ein nachgiebiger Erstgeborener mit einem narzißtischen Chef oder Ehepartner zusammen, dann kann das eigentlich nur im Chaos enden. Nachgiebige Erstgeborene sind dafür bekannt, ‚alles hinzunehmen' und von anderen rücksichtslos ausgenutzt zu werden. Sie sind es allerdings auch, die ihren Unmut in aller Stille pflegen und ihn dann irgendwann heftig explodieren lassen.
Neben diesen nachgiebigen Erstgeborenen gibt es noch eine andere Kategorie: die bestimmenden und willensstarken. Diese immer unter Volldampf stehenden Erstgeborenen können Charakterzüge annehmen, die sie dazu treiben, viel zu erreichen und verbissen ‚vor sich hin zu schaffen'. Sie stellen hohe Anforderungen und haben ein starkes Bedürfnis, im Mittelpunkt zu stehen.
Ein ‚klassischer' Erstgeborener geht seiner Arbeit neunundvierzig Wochen im Jahr verbissen und hingebungsvoll nach. In den drei Wochen Urlaub jedoch wird aus ihm ein ganz anderer Mensch. Ehefrauen haben mir berichtet: „Sobald wir in Urlaub gehen, entspannt Harry sich richtig und läßt sich sogar einen Bart wachsen. Er benimmt sich mir und den Kindern gegenüber fast normal. Aber ungefähr zwei Tage vor Ende des Urlaubs kann man beobachten, wie eine Veränderung mit ihm vorgeht. Ein bestimmter Blick kehrt zurück ..." Der Mensch, der diese Charaktereigenschaften besitzt, ist meist stolz auf die Art, wie er Dinge anpackt und erledigt; aber er bezahlt auch dafür. Wenn er nicht selbst körperlich zusammenbricht, dann tun es meist die

Beziehungen zu seiner Familie und seinen Freunden. Die Geschichte kennt eine Unzahl solcher erstgeborener Menschen, die tragisch endeten. Schon im Alten Testament fing es an. Adams und Evas ältester Sohn Kain war davon überzeugt, daß sein Opfer bestimmt ebensogut war wie das seines Bruders Abel. Als Gott Kains ‚Früchte des Feldes' nicht als Opfer annahm, reagierte der damit, daß er seinen Bruder zum ersten Mordopfer der aufgezeichneten Geschichte machte.[1)]
Auf einer viel gemäßigteren Ebene haben Sande und ich auch unsere Erfahrungen mit dem willensstarken Erstgeborenen gesammelt: wir haben selber einen. Es ist Holly, unsere älteste Tochter, und während dieses Buch in der Vorbereitung war, steckte Holly in der Spätphase jenes Lebensabschnitts, den man ‚Präadoleszenz' nennt (sie war zwölf und ging allmählich auf die siebzehn zu). Holly ist klug, genau und eigensinnig. Eine Frage wie etwa: „Wann fahren wir los?" darf man bei ihr nicht mit einem: „Gleich" oder: „So gegen 9 Uhr" beantworten. Ihr sollte man eher antworten: „Wir werden den Parkplatz um 21.07 Uhr verlassen!"

Der Erste hat Vorteile

Wie ich bereits erwähnt habe, erhalten Erstgeborene zweifellos mehr Aufmerksamkeit als andere Menschen. Alles, was erstgeborene Kinder tun oder anstellen, wird für die Eltern oder die anderen Familienmitglieder zu einer großen, bedeutsamen Angelegenheit. Ihnen wird auf alle mögliche Art und Weise Förderung und Ermunterung zuteil.
Ein Wesensmerkmal des Ältesten besteht in seinem Vertrauen darauf, von seiner Umgebung akzeptiert zu werden. Das resultiert noch aus seiner Kindheit, als die Erwachsenen ihn ernstnahmen und er das auch spürte. Kein Wunder also, daß Erstgeborene häufig in Führungspositionen gelangen.
Erstgeborene sind außer für starke Konzentrationsfähigkeit, Toleranz und Geduld auch dafür bekannt, gut organisiert und gewissenhaft zu sein. Diese Wesenszüge verhelfen ihnen in vielen Berufen zu beträchtlichen Vorteilen. Stellen Sie sich vor,

Sie wären Direktor einer Bank, und Sie sollten neue Kassierer einstellen. Wen würden Sie nehmen? Ich habe diese Frage auch in meinen Seminaren gestellt. Ein paar Leute meinten, sie würden wohl Letztgeborene – die Jüngsten aus einer Geschwisterreihe – vorziehen, wegen deren Freundlichkeit und dem einnehmenden Charme, was beides für die Arbeit mit Publikumsverkehr vorteilhaft wäre. Dem muß ich allerdings widersprechen. Sicher ist es wichtig, am Schalter freundlich zu sein. Aber wäre es nicht auch typisch für einen letztgeborenen Kassierer, wenn er etwa folgendes äußern würde: „Margrit, könntest Du mich bitte einmal einen Moment ablösen? Ich brauche dringend eine Cola, und an meinem Schalter stehen noch vierzehn Leute an."

Und dann wäre da auch noch das Problem mit dem Abhandenkommen von Sachen, einem nicht ungewöhnlichen Wesenszug bei Jüngsten: „Also, ich bin mir ganz sicher, daß die fünfzigtausend Mark hier vorhin noch rumlagen ..."

In der Regel sind es die Erstgeborenen, die mit Sorgfalt arbeiten, gewissenhaft und ‚perfektionistisch' sind – wesentliche Eigenschaften für jemanden, dem große Verantwortung übertragen wird. Erstgeborene verabscheuen es, Fehler zu machen. Und sie sind Kleinkrämer, wenn es um die Einhaltung von Regeln und Vorschriften geht.

Der Erste hat Probleme

„Ihre Stärke ist im allgemeinen auch Ihre Schwäche." Dieses Wort trifft ganz besonders auf Erstgeborene zu. Die gebündelte Aufmerksamkeit, das Scheinwerferlicht und die Verantwortung, denen sie ausgeliefert sind, laufen alle auf eines hinaus – Druck! Ein großer Teil des Drucks stürzt in Form von Disziplin und – in zu vielen Fällen – in Form von Bestrafung über das älteste Kind herein. Man kann jeden Erstgeborenen fragen, und er/sie wird eingestehen (oder darüber klagen), daß er/sie häufig bestraft wurde. Älteste Kinder werden Ihnen berichten, daß sie nie aus der Reihe tanzen durften, während ihre jüngeren Geschwister es da – zumindest zu einem gewissen Grad – leichter hatten. Die Wahrheit ist, daß für jedes neu hinzukommende Kind in einer

normalen Familie die Einhaltung von Regeln und Vorschriften immer weniger Gültigkeit besitzt.
Aber nicht nur die meisten Vorschriften belasten den Erstgeborenen, er bekommt auch die meiste Arbeit aufgehalst – seien es Arbeiten im Haushalt, Besorgungen oder das Entfernen von Hundedreck. Tatsächlich beklagen die meisten erstgeborenen Erwachsenen rückblickend, daß ihnen die Aufsicht über und die Verantwortung für ihre jüngeren Geschwister übertragen wurde, wenn sie lieber nach draußen gegangen wären, um mit den Kameraden zu spielen. Sicher, vielleicht übernehmen Erstgeborene die Babysitter-Rolle für einige Zeit ganz gerne, aber schon bald werden sie ihrer überdrüssig. So ist es tatsächlich nichts Ungewöhnliches, wenn ältere Kinder die ihnen nachlaufenden jüngeren Geschwister im Stich lassen.
Aus irgendeinem unerklärlichen Grund erwarten wir von Erstgeborenen einfach zu viel. Wir machen sie zu den Schrittmachern der Familie. Häufig werden sie dazu gedrängt, in Vaters oder Mutters Fußstapfen zu treten, wenn es um die Berufswahl geht. Man kennt ihn gut, den Konflikt zwischen Vater und Sohn, wenn der Vater will, daß sein Sohn das väterliche Geschäft übernimmt und der Sohn lieber Förster oder sogar Missionar werden möchte.
Statistiken belegen, daß Erstgeborene in der Schule überdurchschnittlich erfolgreich sind. Für sie ist es ein leichtes, durch gute Noten die Erwartungen ihrer Rollenvorbilder – Vater und Mutter – zu erfüllen. Und natürlich ist die Motivation dazu vorhanden: Jedes noch so kleine selbstgemalte Bild oder selbstgebastelte ‚Kunstwerk', das sie mit nach Hause bringen, erhält positive Anerkennung von den Eltern, ganz zu schweigen von Opa und Oma. Kühlschranktüren (oder ähnliche Plätze) sind während des Schuljahres oft monatelang von den Werken Erstgeborener geschmückt.
Erstgeborene Mädchen stehen nicht so häufig unter dem Druck, ‚Kronprinzessin' zu sein, aber auch ihnen werden viele Verantwortungen übertragen. Ältere Schwestern sind verläßlich und gewissenhaft; das wissen viele Mütter natürlich und nutzen es aus. Erstgeborene Mädchen erhalten oft das Etikett ‚Glucke' oder sogar ‚Aufpasserin'.

Es kommt aber auch vor, daß ein erstgeborenes Mädchen ein gutes Verhältnis zu dem Jüngsten entwickelt. So war es bei mir und meiner Schwester Sally. Auch heute noch stehen wir in engem Kontakt zueinander. Wir telefonieren fast jede Woche, obwohl wir in ganz verschiedenen Teilen des Landes leben.

Erstgeborene müssen schneller groß werden

Es ist kein Wunder, daß Erstgeborene zu gewissenhaften Menschen heranwachsen: Vater und Mutter haben ihnen schließlich beigebracht, sich vor den Untiefen und Klippen des Lebens in acht zu nehmen. Sie haben gelernt, sich in die Riemen zu legen. Wie oft müssen sie sich sagen lassen: „Ja, deine Geschwister machen Dummheiten, aber sie sind auch jünger. Von dir erwarte ich einfach mehr. Du mußt dich wie ein Erwachsener benehmen."

Fast scheint es so, als bestünde die vorrangige Aufgabe des Erstgeborenen darin, immer etwas erwachsener zu sein. Wenn sich Kinder diesem Erwartungsdruck nicht gewachsen fühlen, kann es passieren, daß sie sich später in einer psychologischen Beratungsstelle wiederfinden. Die Mehrzahl der Menschen, die hilfesuchend in die Beratungen kommen, sind Erstgeborene oder Einzelkinder. Sie haben ihr Bestes gegeben, um zu gewissenhaften, zuverlässigen, reifen – also vollkommenen – Menschen heranzuwachsen, und sind schließlich mit Frustrationen und Schuldgefühlen belastet.

Erstgeborene sind ‚Zuerstgekommene' und auch ‚Zuerstbediente' von eifrigen Eltern, die die Aufgabe der Erziehung viel besser als alle vor ihnen bewältigen wollten. Aber auch sie geraten zwischen die Mühlsteine des Lebens, wo sie sich bewähren müssen oder zerrieben werden.

Wie können Erstgeborene mit diesem ‚Fluch', den ihnen das Schicksal auferlegt hat, fertig werden? Es gibt tatsächlich eine ganze Menge Möglichkeiten. Doch bevor wir darauf zu sprechen kommen, möchte ich den Erstgeborenen aufzeigen, daß sie eigentlich gar nicht so schlecht dran sind. Es gibt nämlich noch eine andere Position in der Geschwisterfolge, die den Erstgeborenen in Gewissenhaftigkeit, Zielorientiertheit und Perfektionismus noch übertrumpft. Im nächsten Kapitel stelle ich sie vor...

Tips für Erstgeborene

Als Erstgeborener sind Sie mit großer Wahrscheinlichkeit ein gewissenhafter, perfektionistischer, zuverlässiger Mensch. Das ist ein großer Vorteil, weil man zu Ihnen aufschaut, Ihnen vertraut und Ihnen das Gefühl gibt, sich auf Sie verlassen zu können. Sie sollten sich aber auch bewußtmachen, daß Ihre Stärken zu Ihren Schwächen werden können. Vielleicht helfen Ihnen die folgenden Tips.

1. Nehmen Sie das Leben in kleinen Portionen zu sich. Erstgeborene lassen sich auf zu viele Sachen ein – zu viele Aktivitäten, Organisationen und Projekte. Zum Schluß haben Sie dann zu wenig Zeit für sich selber.
2. Versuchen Sie, auch einmal nein zu sagen. Die meisten Erstgeborenen wollen es allen recht machen. Sie lieben die Anerkennung anderer, nehmen fast alle Einladungen an und erfüllen fast alle an sie gerichteten Bitten. Am besten lernt man das Neinsagen, indem man seine Grenzen erkennt. Es ist einfach unmöglich, alles zu tun.
3. Denken Sie daran, daß Ihre Eltern an Sie höhere Ansprüche gestellt haben als an die anderen Familienmitglieder. Deshalb ist es ganz natürlich, daß Sie auch an sich selbst hohe Erwartungen stellen. Sie fordern von sich, der Erste, der Beste – der Vollkommene zu sein. Perfektionismus aber ist der beste Weg, langsam aber sicher Selbstmord zu begehen. Nehmen Sie sich weniger vor, arbeiten Sie ein bißchen weniger, und genießen Sie Ihr Leben.
4. Erstgeborene sind bekannt dafür, daß sie viele Fragen stellen und alles bis ins kleinste Detail wissen wollen. Sie brauchen sich für diesen Charakterzug nicht zu entschuldigen. Es ist kennzeichnend für eine Führerpersönlichkeit, eine Situation einzuschätzen, notwendige Vor-

gehensweisen zu umreißen und dann einen logischen, stufenweisen Prozeß in Gang zu setzen, der zur Lösung des Problems führt.

5. Als Erstgeborener sind Sie ein vorsichtiger, bedachtsamer Mensch. Lassen Sie sich nicht von Ihrer Umgebung dazu verleiten, Dinge übers Knie zu brechen, wenn Sie sich lieber mehr Zeit lassen möchten, um eine Entscheidung zu fällen.
6. Wenn Sie eher der ernsthafte Typ sind, sollten Sie versuchen, einen Sinn für Humor zu entwickeln. Lernen Sie, über eigene Fehler zu lachen. Nehmen Sie zumindest die Tatsache hin, daß Ihnen bestimmt einmal Fehler unterlaufen werden. Fehler sind dazu da, daß man aus ihnen lernt!
7. Entschuldigen Sie sich niemals für Ihre Gewissenhaftigkeit und Ihre Art, Dinge zu organisieren. Sie als Erstgeborener brauchen gewisse Strukturen. Sie brauchen auch Ihre Listen. Lassen Sie sich einfach nicht hetzen. Freuen Sie sich darüber, daß Sie so gut organisiert sind. Teilen Sie diese Fähigkeiten mit anderen. Es gibt unglaublich viele Menschen, die Hilfe gut gebrauchen könnten!

KAPITEL 4

Der einsame Einzelgänger

Einzelkinder, die sich zu einsamen Einzelgängern entwickelt haben, neigen dazu, besonders kritisch zu sein – sich selbst und anderen gegenüber. Da ihre einzigen Familienkontakte im wesentlichen auf Vater und Mutter beschränkt sind/waren, erhalten sie viel Aufmerksamkeit von Erwachsenen, haben aber andererseits oft Schwierigkeiten, mit Angehörigen ihrer eigenen Altersgruppen umzugehen. Dieses Problem begleitet sie ein Leben lang. Das typische Einzelkind ist bekannt dafür, mit Menschen, die viel älter oder viel jünger sind, besser zurechtzukommen.

Die Suche nach den Ursachen

Die Schlüsselfrage für jedes Einzelkind lautet: „Warum bin ich eigentlich ein Einzelkind?" Die Suche nach den Ursachen ist aus mindestens zwei Gründen wichtig. Wenn Ihre Eltern ursprünglich mehrere Kinder haben wollten, aber nur eines bekommen konnten – nämlich Sie – so bedeutet das, daß sich all die Energie und Fürsorge, die für mehrere bestimmt war, auf ein Kind konzentrierte. Ich bezeichne das oft als ‚Juwel'-Phänomen. Einzelkinder, zweifellos ein besonderes ‚Juwel', sind meist Kinder von Eltern im fortgeschrittenen Alter, die sich zu sehr verhätschelten und verwöhnten Kindern entwickeln können. Sie haben ein Leben lang mit dem Problem der Egozentrik zu kämpfen, weil es so schwierig ist, die Eindrücke abzuschütteln, die sie aus ihren frühesten Erinnerungen an die Eltern gewonnen haben: „Ich bin der Mittelpunkt des Universums."

Der andere Grund, der bei der Ursachenforschung zutage treten kann, ist folgender: Ihre Eltern hatten eben nur ein Kind geplant und sind bei diesem Plan geblieben. Sie sind möglicherweise das Ergebnis einer durchgeplanten, auf straffer Disziplin aufgebauten Erziehung, die von Ihnen stets forderte, ein ‚kleiner Erwachsener' zu sein. Nur so ist es zu erklären, warum so häufig Einzelkinder in meine Beratung kommen, die nach außen hin angepaßt, gelassen und ruhig sind. In Wahrheit aber ‚kocht' es in ihnen. Der Ausdruck ‚innere Auflehnung' bezeichnet diesen Zustand des Einzelkindes wohl am besten. Sie sind voller Verbitterung darüber, daß sie immer die ‚kleinen Erwachsenen' sein mußten.
Einzelkinder haben mir berichtet, daß sie eigentlich keine Kindheit hatten. Die Ansprüche, die an sie gestellt wurden, überforderten sie ständig. Die Begriffe, mit denen ich schon die Erstgeborenen kennzeichnete, treffen auch auf das Einzelkind zu: perfektionistisch, verläßlich, gewissenhaft, durchorganisiert, kritisch, ernsthaft, gelehrsam, vorsichtig und konservativ. Allerdings sollten Sie jedem dieser Begriffe noch die Vorsilbe ‚über-' voranstellen.
Einzelkinder – und unter ihnen ganz besonders jene, deren Eltern auf Strukturen und straffe Disziplin achteten – sind über-verläßlich und über-gewissenhaft. Nach außen hin vermitteln sie den Eindruck, über allem zu stehen, fähig zu sein, sich klar zu artikulieren und alles wohl zu durchdenken. Und doch fühlen sie sich häufig – aufgrund der erwähnten inneren Auflehnung – minderwertig. Ihr Leben lang waren sie immer besser als der Durchschnitt. Sie wurden stets am Maßstab eines Erwachsenen gemessen, und der war gewöhnlich hoch – zu hoch. Einzelkinder haben nie das Gefühl, ‚gut genug' zu sein; immer stehen sie unter Rechtfertigungs- oder Beweiszwang. Dieses unterschwellige Minderwertigkeitsgefühl ist bei einigen Einzelkindern so stark, daß sie ihr Leben lang dagegen anzukämpfen haben. Bei vielen führt es schließlich zu einem niederschmetternden Erlebnis – dem Syndrom des ‚deprimierten Perfektionisten'. Mit ihm werden wir uns später noch beschäftigen.

Eine besondere Mischung

Viele Einzelkinder können sich zu einer interessanten Mischung entwickeln, die dann mit den Charaktereigenschaften eines Erstgeborenen und eines Letztgeborenen aufwartet. Sie engagieren sich, sind verantwortungsbewußt und geschickt im Umgang mit Erwachsenen-Situationen. Im tiefsten Innern jedoch sind sie voller Furcht, voller Auflehnung und Wut, weil man sie so verwöhnt und verhätschelt hat, daß sie längst nicht alles so im Griff haben, wie sie es nach außen darzustellen versuchen.
Dieser Typ Einzelkind wurde geboren, als die Eltern Mitte oder Ende Dreißig oder in manchen Fällen sogar Anfang Vierzig waren. Unübersehbar ist natürlich, daß das Einzelkind keinerlei Konkurrenz um die Aufmerksamkeit der Eltern fürchten mußte. Da diese ihr Kind erst in späten Jahren bekamen, tendieren sie dazu, das Kind zu verwöhnen und sich zu bemühen, es in den Genuß aller nur möglichen Vergünstigungen kommen zu lassen. Dieser ‚Verwöhnungs-Effekt' hat auch etwas damit zu tun, daß Menschen, die erst spät in ihrem Leben Kinder bekommen, schon in festgelegteren Bahnen leben. Sie wissen, was sie im Leben erreichen wollen – ein idealer Umstand, um aus einem Einzelkind einen Anwärter für den ‚Ultra-Perfektionisten' zu machen. Einzelkinder erwarten, daß alles nach ihrem Willen läuft, und ist das einmal nicht der Fall, reagieren sie trotzig. Sie werden ungeduldig und behandeln Menschen, die ihren Maßstäben nicht genügen, mit beißender Intoleranz. Einzelkinder wünschen sich oft insgeheim, ‚hinzukommen, die Sache zu übernehmen und auszuführen'.

Sind alle Einzelkinder unbeliebt?

Eine Umfrage bei Studenten ergab, daß Einzelkinder als egoistischer, aufmerksamkeitsheischender, unglücklicher und unbeliebter angesehen werden als Menschen mit Geschwistern.[1)] Diese Untersuchung scheint die Erkenntnisse von Alfred Adler (dem Begründer der Theorie, daß die Position in der Geschwisterreihe ein wesentlicher Bestandteil der psychischen Entwick-

lung des Menschen sei) widerzuspiegeln. Alfred Adler fällte ein hartes Urteil über Einzelkinder: „... sie werden mit jeder selbständigen Tätigkeit Schwierigkeiten haben und für das Leben (früher oder später) untauglich werden."[2]
Obwohl ich sowohl von meiner psychologischen Ausbildung als auch von der Einstellung her ‚Adlerianer' bin, muß ich doch anmerken, daß ich glaube, Adler hatte wohl einen schlechten Tag, als er diese Behauptung aufstellte. Viele Einzelkinder haben sich nämlich zu dem genauen Gegenteil von unglücklichen, unliebenswerten und untauglichen Wesen entwickelt. Nur ein paar Namen seien stellvertretend genannt: Franklin D. Roosevelt, Sammy Davis Jr., Leonardo da Vinci, die Herzogin von Windsor, Charles Lindbergh, Indira Gandhi und Albert Einstein.[3]
Die Einzelkinder, mit denen ich es in meinen Beratungen zu tun habe, kämpfen weitaus häufiger mit ‚Perfektionismus' als mit ‚Untauglichkeit'. Ein typischer Fall ist jene Frau, die ich im folgenden beschreiben möchte.

Katrin, die deprimierte Perfektionistin

Das Einzelkind, das ein Opfer des Perfektionismus wird, gehört gewöhnlich zu einem der folgenden Extreme:

1. Es wird überkritisch und gefühllos; es wird nie eigene Fehler oder die anderer Menschen tolerieren. Ein solcher Mensch liebt es, ständig vor sich hin zu murmeln: „Das Gute ist der Feind des Besten!"
2. Es wird ‚der unentbehrliche Retter': ein Mensch, der sich von den Problemen anderer quälen läßt und nichts lieber tut, als bei ihrer Lösung mitzuwirken. Ich bezeichne das als ‚Krankenschwester-Mentalität'. Es ist kein Zufall, daß es oft Einzelkinder oder zumindest älteste Geschwister sind, die in Pflegeberufen arbeiten.

Jeder dieser Wege kann in den Persönlichkeitstypus münden, den ich den ‚deprimierten Perfektionisten' nenne. Diese Menschen sind in der Tat sehr gut organisiert und stellen an sich selbst und an ihre Mitmenschen hohe Anforderungen. Ich habe bereits erwähnt, daß auch die Erstgeborenen über diesen Charakterzug verfügen. Einzelkinder sind in dieser Hinsicht jedoch extremer.

Wenn sich bei mir der Verdacht verstärkt, daß es sich bei einem Patienten um einen deprimierten Perfektionisten handeln könnte, bitte ich ihn, eine kleine Übung durchzuführen – einen Vergleich des idealen Ichs mit dem realen Ich. Nur so wird es möglich, das ‚Idealbild' (also das Ich, von dem der Patient hofft, daß andere ihn so sehen) dem realen Ich (also dem Menschen, der er wirklich ist) gegenüberzustellen. Bei Katrin, der deprimierten Perfektionistin, die ich eingangs erwähnte, ergab sich folgendes Bild:

die ideale Katrin	**die wirkliche Katrin**
organisiert und leistungsfähig	leistungsschwach und unorganisiert
fröhlich und heiter	negativ und mürrisch
mitreißend und fähig, Menschen in ihrer Umgebung zu motivieren	pedantisch; neigt dazu, Menschen in ihrer Umgebung zu entmutigen
schätzt Zeitaufwand und Arbeitsmenge realistisch ein	beginnt Sachen, die in den Zeitplan nicht hineinpassen
hält den Haushalt in Ordnung	hängt immer hinterher
ist fähig, den Haushalt effizient zu führen	schafft es nicht und benötigt Hilfe von anderen
energiegeladen und fleißig	meist müde; muß sich zwingen, Arbeiten zu erledigen
sexuell erfindungsreich und gefühlvoll	abgespannt und mechanisch
hat realistische Erwartungen an den Partner	möchte immer noch so begehrt sein wie vor der Ehe

voll innerer Schönheit, die auch nach außen dringt	voll innerem Zorn
selbstbewußt, was andere Leute auch immer darüber denken mögen	abhängig von der Meinung anderer
beharrliches Verfolgen eines Ziels	zögerlich, alles bis zur letzten Minute hinausschiebend
bringt Vorhaben auch zuende	viele unvollendete Projekte
saubere und ordentliche Schränke	großes Durcheinander, kann sich von Sachen nicht trennen
kurze und präzise Gesprächsbeiträge	macht viele überflüssige Worte
ist selbstsicher	lebt von der Anerkennung anderer
fühlt sich sicher	braucht das Gefühl, gebraucht zu werden

Das ist – sogar für einen Perfektionisten – eine sehr ausführliche Darstellung. Für einen Nicht-Perfektionisten wie mich war es bereits anstrengend, die Tabelle nur zu lesen!

Katrins Aufstellung ist die ausführlichste, die ich zum Thema ‚Vergleich der idealen mit der realen Persönlichkeit' erhalten habe. Allerdings überrascht mich das nicht, denn Katrin ist der klassische Fall des aller Hoffnungen beraubten Perfektionisten. Und, natürlich: sie ist ein Einzelkind ...

Katrin weiß, wie sie sein sollte. Aber sie kann diese Erwartungen nicht erfüllen. Ihr Ehemann beschreibt sie als depressiv, voller Schuldgefühle, viel zu empfindlich, immer damit beschäftigt, neue Projekte zu beginnen, sich immer mehr zumutend, als sie erledigen kann – und sich dabei stets als Mißerfolg oder Fehlschlag begreifend.

Ich schlug Katrin vor, sich beim nächsten Anfall von depressiven Gedanken einfach mit einem Schuh ein paarmal gegen die

Stirn zu klopfen. In der Tat hausten da etliche Feinde in ihrem Kopf ...
Wenn wir das ‚Ideal' mit der ‚Realität' vergleichen, stoßen wir unmittelbar auf die Persönlichkeitsstruktur des deprimierten Perfektionisten. Sicher ist keine der beiden Aufstellungen eine gesunde Sicht auf den betreffenden Menschen. In der Spalte mit den ‚idealen' Eigenschaften hat Katrin sehr anspruchsvolle Ziele formuliert. Als sie diese nicht erreichte, hatte sie das Gefühl, auf allen Gebieten ein Versager zu sein. Natürlich war sie nicht so schlecht, wie es die rechte Spalte zu suggerieren scheint. Aber sie dachte, daß sie so wäre. Sie war gefangen in ihrem selbstgebauten Gefängnis des Perfektionismus.
Außerdem erschwerte sie ihr Leben durch unrealistische Erwartungen an ihre Ehe. Beachten Sie, was sie über Liebe empfand und was sie von ihrem Ehemann erwartete. Wie realistisch ist es für eine seit zwölf Jahren verheiratete Frau, von ihrem Ehemann zu erwarten, daß er sie in derselben Weise ‚umgarnt' wie vor der Ehe? Ich glaube an die Romantik. Man kann allerdings auch zu hohe Ansprüche stellen.
Und genau das war Katrins Stärke: Ihre Hoffnungen zu hoch anzusetzen, um dann von ihrem Mann ‚enttäuscht' zu werden. Statt das aber nun auf ihren Mann zu beziehen, richtete sie die Vorwürfe gegen sich selbst. Das Ergebnis hieß: Ich bin kein guter Mensch.

Katrins Vater – ein Erbsenzähler

Sie haben es vielleicht schon vermutet: Katrin, ein Einzelkind, wuchs in einer familiären Umgebung auf, in der ihr Vater nie ein Lob für sie fand, ganz gleich, was sie auch tat. Im Gegenteil, er spürte ihre Fehler auf und hielt sie ihr dann vor. Bei Katrin entwickelte sich das Gefühl, Erwartungen entsprechen zu müssen, denen sie nicht genügen konnte, wie sehr sie es auch versuchen mochte.
Ein Beispiel: Im Alter von dreizehn Jahren baute sie hinter dem Haus ganz ohne fremde Hilfe eine Ziegelmauer, die einen kleinen Hof umschließen sollte. Für ein dreizehnjähriges Mädchen

war das ein schweres Stück Arbeit. Jeder, der die Mauer sah, bewunderte ihr Werk – mit Ausnahme ihres Vaters. Als er von einer Geschäftsreise zurückkam und die Mauer (die er irgendwann einmal selber hatte bauen wollen) entdeckte, wurde er sehr zornig. Er konnte überhaupt nichts an dem Werk finden, was richtig gewesen wäre.

Und nun raten Sie einmal, was für einen Mann Katrin heiratete? Robert war tüchtig und erfolgreich in seinem Beruf. Auch er war der Älteste zu Hause gewesen, und auch er war verunsichert, weil er das Gefühl hatte, nie den Erwartungen gerecht zu werden. Daraus entwickelte sich ein überaus kritisches Naturell – eine Erbsenzähler-Mentalität! Zudem war er noch ein sehr konfliktscheuer Mensch.

Robert war einfach nicht fähig, für Katrin das zu sein, was sie sich für ihr Leben erhoffte: ein Ehemann, mit dem sie intime Gedanken und Gefühle teilen konnte. Daher mußte Robert in die Therapie mit einbezogen werden, um ihm zu helfen, seine Gefühle zu artikulieren. Es war für ihn eine riesige Erleichterung, als er merkte, daß er voller Gefühle steckte, die er sich nie zu zeigen wagte. Er hatte Katrin unterschwellig ‚abgelehnt', und sie hatte das gespürt. Als sie schließlich miteinander zu sprechen begannen, klärten sich viele Probleme wie von selbst.

Ein Grund für Roberts Weigerung, seine Gefühle zu zeigen, lag ganz sicher in seiner Furcht vor Zurückweisung. Dieser Charakterzug ist typisch für Menschen, die ich ‚Kontrollierer' nenne – Menschen, die ihre Gefühle für sich behalten.

Ein weiterer wesentlicher Bestandteil von Katrins Therapie war, sie dazu zu bringen, auch einmal nein zu sagen. Sie neigte in einem übertriebenen Maße dazu, sich zuviel zuzumuten. Das betraf auch ihre Aktivitäten in ihrer Kirchengemeinde. Katrin war eine sehr aktive Christin, und sie fühlte sich ihrem Auftrag vollkommen verpflichtet. Sie engagierte sich bei jeder nur denkbaren Gelegenheit, die sich bot. Zusätzlich hatte sie sich entschlossen, ihre beiden Kinder zu Hause zu unterrichten (was man als ‚Heimschule' bezeichnet) und noch einer Halbtagsbeschäftigung nachzugehen.

Natürlich war es unmöglich, alle Aufgaben zufriedenstellend zu erfüllen. Sie hatte keine Zeit mehr für sich selbst, geschweige denn für ihren Mann. Sie hetzte durchs Leben und fragte sich ständig, ob sie auch alles recht machte. Mein Rat für Katrin lautete: ‚Entweder einige Aktivitäten fallenlassen oder selbst tot umfallen.'

Mir gelang es, sie davon zu überzeugen, den Heimunterricht für ihre Kinder wie auch den Halbtagsjob aufzugeben. Ich schlug ihr ebenfalls vor, von einigen ihrer kirchlichen Aktivitäten Abstand zu nehmen. Das fiel Katrin allerdings außerordentlich schwer, weil ihr Glaube ihr doch so viel bedeutete. Ich erklärte ihr, daß sie, wenn sie Gott wirklich dienen wolle, zunächst damit anfangen müßte, sich mehr um ihren Mann und ihre Kinder zu kümmern.

Als Einzelkind war Katrin es gewohnt, Anweisungen zu befolgen, und so wurde sie eine meiner ‚Star-Patienten'. Ihr Leben wurde völlig umgekrempelt. Dabei lernte sie, sich selbst zu bremsen und auch einmal nein zu sagen, nein zu einer Welt, die sie ständig drängte, „erfolgreich zu sein". Katrin wurde zum lebenden Beweis dafür, daß es immer Hoffnung gibt, selbst für einen deprimierten Perfektionisten.

Es gibt tatsächlich so viele Möglichkeiten für perfektionistische Erstgeborene und Einzelkinder, gegen den Perfektionismus anzukämpfen, daß ich das nächste Kapitel nur diesem Thema widmen werde. Auch Perfektionisten aus anderen Geschwisterpositionen sind damit angesprochen. Als unbeschwertes Nesthäkchen (und alles andere als ein Perfektionist) glaube ich, daß es lebensnotwendig ist zu lernen, weniger perfekt zu sein – und damit glücklicher.

Tips für Einzelkinder

Da Einzelkinder ‚Erstgeborene hoch drei' sind, können auch alle auf den Seiten 51 und 52 genannten Tips angewendet werden. ‚Super'gewissenhafte und -verläßliche Einzelkinder sollten jedoch zusätzlich folgende Punkte beachten:

1. Seien Sie rücksichtslos, wenn es darum geht, zu viele Verpflichtungen einzugehen und zu hohe Ansprüche an

sich selbst zu stellen. Man erreicht viel zu schnell den Punkt, an dem jeder Tag zu einer Tretmühle wird, ohne daß ein Ende in Sicht wäre.

2. Haben Sie in Ihrer Terminplanung Zeit für sich selbst reserviert? Die meisten Einzelkinder gehören zu den Menschen, die Zeit für sich brauchen. Lassen Sie dieses Ziel nicht aus den Augen.
3. In der Regel kommen Einzelkinder mit viel älteren oder viel jüngeren Menschen leichter zurecht. Sie können sich die Menschen, mit denen Sie zusammenarbeiten oder sonst umgehen müssen, nicht aussuchen. Aber Sie können in bestimmten Situationen versuchen, Kontakte mit älteren oder jüngeren Menschen herzustellen. Tun Sie es. Das sind nämlich die Leute, mit denen Sie ‚können' und die weniger mit Ihnen streiten.
4. Einzelkinder werden oft mit dem Etikett ‚eigensüchtig' versehen, weil sie nie gelernt haben, mit Geschwistern teilen zu müssen. Lassen Sie einmal ehrlich Ihr eigenes Leben an sich vorüberziehen. Wie selbstsüchtig verhalten Sie sich gegenüber Ihrem Ehegatten, Ihren Freunden oder Ihren Arbeitskollegen? Was können Sie tun, um anderen weniger kritisch gegenüberzutreten?

KAPITEL 5

Ein Rezept für deprimierte Perfektionisten

> „Christin, blond, blauäugig, 160 cm, 48 kg, berufstätig, ungebunden, möchte protestantischen Christen kennenlernen, berufst. Mann in den Dreißigern (Akad.), der die Natur ebenso wie sportl. Betätigung und körperl. Fitneß (kein Mannschaftssport), Musik und Tanzen, Kirche und Familienleben liebt. Wünschenswert ist ein Nichtraucher/Nichttrinker, schlank, 170-180 cm, volles Kopfhaar, keine Brustbehaarung, intelligent, ehrlich und vertrauenswürdig, humorvoll, der seine Gefühle mitteilen kann, sehr sensibel und liebevoll ist, kein einseitiges Rollenverhalten, gütig, andere Menschen aufbauend und hilfsbereit, keinen Stimmungsschwankungen und Ego-Problemen unterworfen, selbstsicher und finanziell abgesichert, gesundheitsbewußt lebt, gepflegt und sauber, überaus rücksichtsvoll und verläßlich. Ich glaube an die bewährten Moral- und Wertvorstellungen. Wenn auch Sie so denken und an einer Bindung auf der Basis des christlichen Glaubens interessiert sind, schreiben Sie an Chiffre 82533. Bitte legen Sie ein aktuelles Farbfoto und Ihre Adresse bei."

Ich weiß nicht, was Sie von der obigen Heiratsanzeige halten, die ich aus einer Tageszeitung ausgeschnitten habe. Mir sagt sie zumindest eines: Ich gehe jede Wette ein, daß diese Frau eine Erstgeborene (oder vielleicht sogar ein Einzelkind) ist. Was würde diese über-perfektionistische Dame wohl sagen, wenn sich irgendein Supermann tatsächlich bei ihr meldete und alle Bedingungen erfüllte, bis auf eine: er hätte eine stark behaarte Brust! Wir können nur hoffen, daß sie wenigstens in einigen Punkten zu Kompromissen bereit wäre ...

Was Perfektionisten zum Wahnsinn treibt

Ich bin mir darum so sicher, daß die Inserentin eine Erstgeborene oder ein Einzelkind sein muß, weil sie ein typisches Beispiel für die Ansprüche und Anforderungen ist, die ein Perfektionist an sein Leben stellt. Man könnte fast annehmen, daß innere Kräfte an diesen Menschen zerren würden, die für sie nur schwer unter Kontrolle zu bringen sind. Das scheint zumindest bei unserer Tochter Holly der Fall zu sein. Ich habe mir geschworen, meine älteste Tochter niemals in die Perfektionisten-Schublade zu stekken. Meine Frau Sande und ich haben es versucht, ganz bestimmt. Aber ich hätte die Schriftzeichen an der Wand erkennen müssen. Wir nahmen unsere eineinhalbjährige Holly auf eine Eisenbahnfahrt nach Kalifornien mit, ans Meer. Für Holly war es das allererste Mal, daß sie am Strand war, und augenblicklich fing sie an, den Sand zu erforschen. Kurze Zeit später watschelte sie auf ihren krummen Beinchen auf uns zu. An einem Finger klebten tatsächlich zwei oder drei Sandkörnchen. „Hu, hu!" jammerte sie. Offensichtlich war sie gespannt darauf, wie wir wohl reagieren würden.

Ich widerstand der Versuchung, ihr einen väterlichen Vortrag zu halten. Aber ich hätte bereits damals erkennen müssen, daß Holly selbst mit achtzehn Monaten Anzeichen eines Perfektionisten offenbarte. Jetzt, mit zwölf Jahren, hat sie sich prächtig dazu entwickelt. Trotz unserer Bemühungen, ihr Mut zu machen und den Rücken zu stärken, statt Schwächen zu suchen und an ihr herumzumäkeln, jagt Holly der Perfektion nach. Wenn im Leben nicht alles so läuft, wie sie es sich vorgestellt hat, reagiert sie frustriert oder gereizt. Es sind die kleinen Dinge, nicht die wirklich großen, die den Perfektionisten zum Wahnsinn treiben. Kleinigkeiten (ein paar Sandkörner, ein Tintenklecks oder zwei Minuten Verzögerung bei der Abfahrt) machen den Perfektionisten verrückt.

Perfektionismus und Schlampigkeit – paßt das zusammen?

Ich weiß, daß ich mir viel anmaße, wenn ich erkläre, alle Erstgeborenen und Einzelkinder seien Perfektionisten. Oft bekomme ich deswegen auch Beispiele erzählt, die dieser Vorstellung anscheinend total widersprechen: „Sie kennen meinen Mann Harald nicht. Er ist ein Einzelkind und gleichzeitig total nachlässig. Nur mit seiner Unordnung hat er es zur Perfektion gebracht."

„Sie sollten mal meine Frau erleben. Sie ist eine Erstgeborene. Die einzige Chance, mit ihr irgendwo pünktlich zu erscheinen, besteht darin, die Uhr eine halbe Stunde vorzustellen."

Na und? Diese beiden sind trotzdem Perfektionisten. Allerdings tarnen sie ihren Perfektionismus mit einem Verhalten, das nicht zu ihnen zu passen scheint. Sie gehören der unglücklichen Schar der ‚deprimierten Perfektionisten' an.

Perfektionisten reden sich selber folgende Lebenslüge ein: „Ich gelte nur etwas, wenn ich perfekt bin." Alles, was der Perfektionist in die Hand nimmt, muß richtig und ‚vollkommen' sein. Sobald er anfängt, an diese Lüge zu glauben, gesellt er sich zu den gehetzten Seelen, die Fehler und Irrtümer hassen und dennoch damit leben und das Beste daraus machen müssen. Deprimierte Perfektionisten handeln möglicherweise gegen ihren Charakter (indem sie z.B. schlampig sind). Aber damit überdecken sie nur die Enttäuschung über die Narben und Beulen, die ihnen das Leben beibringt.

Interessant ist, daß Stotterer sehr oft Erstgeborene sind. Wenn Sie einem Stotterer begegnen, können sie davon ausgehen, daß Sie es mit einem Perfektionisten zu tun haben. Die Furcht, einen Fehler zu machen, ist so groß, daß sie die natürliche Sprechfähigkeit des Stotterers behindert. Er hat Angst davor, Fehler zu machen. Was macht er also? Fehler.

Perfektionisten sind Zauderer

Viele deprimierte Perfektionisten haben Schwierigkeiten, ihre Zeit richtig einzuteilen. Sie sind Experten im Hinauszögern. Sie beginnen mit einer Arbeit und lassen sie dann angefangen liegen. Sie gehören anscheinend zu dem ‚Entweder-Oder'-Typ. Wenn sie warm werden, bedeutet das: Nimm dich in acht! Sie werden dich rücksichtslos niedertrampeln, damit die Arbeit voll und ganz erledigt werden kann. Bleiben sie hingegen kalt, dann ist es schwer, sie überhaupt auf Trab zu bringen.

Zauderer müssen in genau der richtigen Stimmung sein, sonst sind sie nicht in der Lage, ‚volle Kraft' zu fahren. Sie stellen von Natur aus hohe Anforderungen an die eigenen Leistungen, was dann häufig dazu führt, daß sie sich von Kleinigkeiten verrückt machen lassen. Das sind die Leute, die bis zwei Uhr morgens am Schreibtisch sitzen, um herauszufinden, wo die zwanzig Pfennig geblieben sind, die auf dem Girokonto fehlen. Letztgeborene wie ich könnten mit Tausenden im Minus stehen, und – wir lägen um zehn Uhr im Bett.

Kürzlich erzählte mir ein Mann, daß er seine Einkommensteuererklärungen für die letzten vier Jahre noch nicht eingereicht hatte. Er hatte sich nämlich ein so ausgeklügeltes System erdacht, Rechnungen und Belege zu sammeln, daß sich die Steuererklärungen vor ihm zu einem unüberwindlichen Hindernis auftürmten. Das Wohnzimmer war mit Campingtischen vollgestellt, die ordentlich mit Schrankpapier abgedeckt waren. Sie quollen über mit fein säuberlich aufgehäuften Stapeln aus Quittungen, Rechnungen und sonstigen Belegen.

Dieser Mann unterlag einer Selbsttäuschung. Er verlor sich in tausend Kleinigkeiten, um ja alles richtig zu machen. Aber das Resultat war, daß er sich nicht mehr am Leben freuen konnte, weil ständig irgendwelche Sachen drohend über seinem Haupt schwebten. Die Ironie des Ganzen lag letztlich darin, daß das Finanzamt ihm Geld schuldete!

Es ist nicht verwunderlich, daß dieser Mann eine überaus kritische Ehefrau hatte, die ihn ständig dazu anhielt, bestimmte Arbeiten im Haus zu erledigen: „Georg, wann bringst du den Toaster wieder in Ordnung?" Worauf Georg antwortete: „Keine

Sorge, Alice, ich mach's morgen." Wie Sie wahrscheinlich vermutet haben, verging dieses ‚morgen', ohne daß der Toaster repariert war.
Den armen Georg starrten schließlich so viele unvollendete Arbeiten in seinem Haus an, daß er es einfach nicht mehr allein schaffen konnte. Nach etlichen Sitzungen gelang es mir, Georg dahin zu bringen, sich am Montag um den Toaster zu kümmern und am Dienstag den Türpfosten zu richten. Er mußte sich verpflichten, mit Projekt B nicht eher zu beginnen, bis Projekt A abgeschlossen war. Darin liegt der Schlüssel im Umgang mit deprimierten Perfektionisten. Er muß die Verpflichtung eingehen, eine Aufgabe erst zu beenden, ehe er mit einer neuen beginnt. Das klingt alles sehr einfach. Aber dieses grundlegende Prinzip kann Wunder bewirken, wenn sich die betreffende Person bereit erklärt, die Sache auch voll durchzustehen.

Perfektionisten nehmen kein Blatt vor den Mund

Da deprimierte Perfektionisten oft dickköpfig und verbohrt sind, sagen sie ihren Mitmenschen gern genau das ins Gesicht, was ihnen gerade durch den Kopf geht. Da bleibt es nicht aus, daß man sein Gegenüber vor den Kopf stößt und vertreibt. Man verliert seine Freunde. Und selbst die Feinde bleiben nicht lange genug in der Nähe, um sich ernsthaft wehren zu können.
Der deprimierte Perfektionist reagiert auf den Vorwurf, er sei zu freimütig, mit den Worten: „Na schön. Wenn ihr damit nicht umgehen könnt, sage ich eben gar nichts mehr."
Die Folge davon ist, daß der Perfektionist krank wird. Jede einzelne Angst- oder Streßsituation (sei sie bewußter oder unbewußter Natur), tritt irgendwo auf irgendeine Weise wieder zutage. So ist es zu erklären, daß so viele Menschen Psychologen aufsuchen, wenn sie unter Migräne, Magenverstimmungen und Rückenschmerzen leiden. Dabei handelt es sich im allgemeinen um Erstgeborene oder Einzelkinder. Sie sind es, die sich über alles im Leben Sorgen machen und sich dabei Magengeschwüre oder andere nervös bedingte Leiden zuziehen.

Das Therapieprogramm für den deprimierten Perfektionisten

Hier sind einige Vorschläge, die nach meiner Erfahrung bei Perfektionisten Wunder bewirken.

1. Wichtig: Machen Sie sich bewußt, daß der Perfektionismus Ihr lebensbedrohender Feind ist. Ich pflege vom ‚allmählichen Selbstmord' zu sprechen. Einzelkinder sind die schlimmsten Perfektionisten, gefolgt von den Erstgeborenen; allerdings sind mir auch Spätergeborene begegnet, die Perfektionisten waren.

Für Perfektionismus gibt es sicher viele Definitionen. Es kann bedeuten, in allem und immer der Beste sein zu wollen. Das ist häufig bei Männern anzutreffen, weil ein Mann das Gefühl braucht, etwas erreicht und vollendet zu haben. Es kann aber auch heißen, so vollkommen und gründlich zu sein, wie es einem selber möglich ist. Das ist eher die weibliche Einstellung. Hinter ihr steht die Absicht, keine Ansatzpunkte für Kritik zu bieten.[1)]
Um Ihren Perfektionismus in den Griff zu bekommen, müssen Sie sich über Ihr verzweifeltes Bemühen, perfekt sein zu müssen, erst einmal klarwerden. Und nicht nur das: Sie müssen die Nutzlosigkeit dieses Denkvorgangs erkennen. Sie werden niemals vollkommen sein. Warum sollten Sie sich nicht erlauben, unvollkommen zu sein? Und wenn es nur für heute ist! Zerbrechen Sie sich über das Morgen nicht den Kopf. Das kommt noch früh genug.
Beginnen Sie jeden Tag damit, sich selbst zu gestatten, unvollkommen zu sein. Bemühen Sie sich, die Kritik an sich selbst und anderen zurückzuhalten. Es wird Ihnen wahrscheinlich leichter fallen, damit bei den anderen anzufangen. Wenn jemand einen Fehler begeht, versuchen Sie, Tat und Täter getrennt zu betrachten. Das fällt bestimmt nicht leicht. Lernen Sie, über das Ereignis zu sprechen, anstatt persönliche Angriffe zu starten.
Diese Einstellung hilft Ihnen auch zu erkennen, daß Zebras ihre Streifen nicht ändern. Die ‚Streifen' Ihres Partners oder Ihrer Kinder werden auch nicht verschwinden. Wir sagen manchmal: „Ich möchte, daß sich mein Ehemann oder meine Ehefrau oder

mein Teenager ändern, und ich werde erleben, daß es tatsächlich passiert." Viel Glück dabei. Vielleicht haben Sie es früher schon einmal gehört, aber man kann es sich gar nicht oft genug einprägen: Es ist absolut nicht möglich, das Verhalten eines anderen zu verändern. Man kann nur das eigene Verhalten ändern. Und wenn man sich ernsthaft darum bemüht, kann es dazu führen, daß Ihre Mitmenschen sich in ihren Reaktionen, in ihrem Verhalten auch ändern.

2. Lernen Sie die folgenden Sätze, und benutzen Sie sie auch:
   „Ich hatte unrecht."
   „Es tut mir leid."
   „Kannst Du (können Sie) mir verzeihen?"

Besonders Perfektionisten haben mit diesen kurzen Sätzen die größten Probleme. Aber diese Worte sind das Ticket in die Freiheit, weit weg von Frustration und Enttäuschung.

3. Seien Sie nicht zu schnell mit Selbstvorwürfen bei der Hand und reagieren Sie nicht voreilig, wenn andere Sie kritisieren. Perfektionisten sind empfindlich. Machen Sie sich Ihre Empfindlichkeit bewußt und lernen Sie, damit umzugehen. Es bedarf allerdings einer gewissen Zeit, um eingefahrene Verhaltensmuster zu ändern.

Achten Sie beispielsweise auf jene Momente, in denen Sie sich von einer Kritik sehr empfindlich getroffen fühlen oder in denen Sie sich in eine Verteidigungshaltung gedrängt sehen. Sie werden diese Augenblicke nicht immer ‚vorausahnen' und schon im Ansatz verhindern können. Im Nachhinein werden Sie sich dann eingestehen: „Stimmt, ich hätte mich gestern wirklich nicht so aufzuregen brauchen ..." Sich darüber klarzuwerden, ist schon ein Fortschritt.

Ein ganz anderer, praktischer Vorschlag für Perfektionisten lautet: „Seien Sie nett zu sich selbst."

Es fällt allerdings nicht immer leicht, Perfektionisten davon zu überzeugen, daß sie es auch wert sind. Ich erinnere mich an eine Frau, die vor Jahren in meine Beratung kam. Sie ging in einen

Modeladen und kaufte sich ein paar schöne Kleider. Einige Tage später jedoch brachte sie alles wieder zurück. Sie war der typische Fall eines Perfektionisten, der regelmäßig alles zurückbringt, weil irgend etwas nicht in Ordnung ist. Die Botschaft, die ich diesem Verhalten entnahm, war: Sie glaubte nicht daran, daß sie die neuen Kleider verdiente.
Nun hatte diese Frau aber neue Kleidung bitter nötig. Jahrelang hatte sie sich nichts Neues mehr geleistet. Sie hatte die Kleider zwar gekauft, aber nicht behalten. Schließlich schaffte ich es, ihr zu der Einsicht zu verhelfen, daß es nichts Verwerfliches war, neugekaufte Kleider auch anzuziehen.

4. Perfektionisten belasten sich oft mit dem „großen Ganzen“. Sie wollen zuviel auf einmal machen. Versuchen Sie daher, eine Sache nach der anderen anzupacken. Schließen Sie A ab, bevor Sie B in Angriff nehmen. Natürlich kann immer Unvorhergesehenes eintreten. Telefonanrufe stören Sie beim Abfassen eines wichtigen Berichts, mit dem Sie um 9 Uhr anfangen wollten. Sie sollten mit der Arbeit an dem Bericht aber nicht um 9 Uhr beginnen, wenn Sie für 9.30 Uhr eine Sitzung anberaumt haben.

Auch für Terminvereinbarungen gilt: Überlegen Sie sich Ihre Erwartungen genau. Perfektionisten sind berühmt dafür, unrealistische Erwartungen zu hegen und zu hohe Ziele zu setzen.

5. Lernen Sie den Umgang mit dem Wort ‚Nein‘.

Ich habe schon oft darauf hingewiesen, daß Perfektionisten eher in den Reihen der Erstgeborenen und Einzelkinder zu finden sind. Was wissen wir von diesen Menschen? Sie brauchen die Zustimmung anderer. Es fällt Ihnen schwer, einen Wunsch abzulehnen. Auf diese Weise gerät der Perfektionist in Situationen, in denen er ja sagt, obwohl er in Wirklichkeit nein sagen will. Wenn es Ihnen nicht gelingt, nein zu Menschen zu sagen, werden Sie nie imstande sein, ja zum Leben zu sagen. Die Menschen um Sie herum werden Sie ausnützen und Sie in ein Dutzend verschiedene Richtungen zerren. Oft handelt es sich dabei sogar um Familienmitglieder. Wenn Sie unfähig bleiben, nein zu sagen, werden Sie Kopfschmerzen und Magenbeschwerden in Kauf nehmen müssen.

6. Perfektionisten sind zumeist auch Pessimisten. Lernen Sie, das halbvolle und nicht das halbleere Glas zu sehen.

Positives Denken ist mehr als nur eine Idee. Es ist eine der gewaltigsten psychologischen Kräfte, die es gibt.
Machen Sie Gebrauch davon. Meditieren Sie zum Beispiel über Dinge, für die Sie dankbar sind. Denken Sie über Menschen nach, für die Sie dankbar sind, und darüber, warum Sie es sind. Rufen Sie sich drei schöne Ereignisse, die Sie heute erlebt haben (oder auch letzte Woche) ins Gedächtnis zurück. Dann lassen Sie Ihre Gedanken in die vor Ihnen liegende Woche schweifen: Auf welche angenehmen Ereignisse kann ich mich freuen?

7. Erstgeborene und Einzelkinder haben oft Schwierigkeiten damit, sich ihre Gedanken und Gefühle einzugestehen und sie mitzuteilen. Sie leben in der Furcht, von den Menschen, denen sie ihre ‚tiefsten Tiefen' offenbaren, zurückgewiesen zu werden.

Zunächst sollten Sie lernen, Ihre Gedanken und Gefühle selbst anzunehmen. Verkehren Sie Ihre negativen Selbstgespräche in positive. Anstatt zu sagen: „Ich mag diese Sitzungen nicht", sollten Sie lieber sagen: „Normalerweise mag ich diese Sitzungen überhaupt nicht, jetzt allerdings freue ich mich darauf."
Anstatt zu sagen: „Ich werde mich blamieren", sagen Sie lieber: „Was soll mir schon passieren? Von diesen Leuten da hängt mein Glück nicht ab."
Anstatt zu sagen: „Ich kann nicht vor vielen Menschen reden", sagen Sie lieber: „Normalerweise mag ich nicht vor vielen Menschen sprechen. Aber ich bin gut vorbereitet, und das, was ich zu sagen habe, ich wichtig."[2)]

8. Noch ein Hinweis für den Umgang mit anderen: Perfektionisten sind bekannt dafür, daß sie nicht gern verzeihen. Tatsächlich schleppen Perfektionisten, wenn sie sich beleidigt fühlen, ihren Groll viel zu lange mit sich herum. Für Perfektionisten liegt der Schlüssel zum Verzeihenkönnen in dem Eingeständnis, daß Menschen Fehler machen und das Leben trotzdem weitergeht.

Wir kommen auf das zurück, was wir vorher über Autoritätsglauben und Gesetzestreue gesagt haben. Erstgeborene oder Einzelkinder stellen sich Gott meistens als Richter oder Polizisten vor. Im günstigsten Fall sorgt er als Schiedsrichter dafür, daß ehrlich gespielt wird. Ein Hauptgrund für diese Einstellung liegt wohl in der Beziehung von Ältesten und Einzelkindern zu ihren Eltern, vor allem zum Vater. Der Erstgeborene (oder das Einzelkind) wächst mit vorwiegend erwachsenen Rollenbildern als nachzuahmenden Mustern auf. Daraus folgt, daß er sich ziemlich eng an Autoritätspersonen anlehnt.
Bei der Beratung von Christen gewinne ich oft den Eindruck, daß Erstgeborene und Einzelkinder große Probleme mit den Begriffen ‚Gottes Gnade' und ‚Vergebung' haben. In ihren Gebeten neigen sie dazu, Gott für das einzuspannen, was ich das ‚ideale Selbst' nenne. Das hört sich dann etwa so an: „Herr, bitte hilf mir, meinem Mann (oder wem auch immer) gegenüber toleranter zu sein." Das Gebet des idealen Selbst scheut davor zurück, zum wahren Selbst vorzustoßen und das auszusprechen, was wirklich ist: „Herr, ich habe eine miserable Selbstbeherrschung. Vergib mir, daß ich meine Familie heute so schlecht behandelt habe."
Erstgeborene und Einzelkinder verspüren diesen Zwiespalt zwischen dem wirklichen und dem realen Selbst, weil Sie dazu neigen, sich viel zu sehr auf ihre eigenen Fähigkeiten zu verlassen. Sie glauben zwar an Gott, handeln aber so, als würden sie ihn für unfähig erachten, ihnen zu vergeben. Sie befinden darüber, was Gott vergeben kann und was nicht, oder sie sind von dem Gedanken besessen, daß sie etwas tun müssen, um seiner Vergebung würdig zu sein.

Lassen Sie sich vom Leben nicht enttäuschen

Wenn ich Erwachsene berate, bitte ich sie meistens, mir fünf bis zehn frühe Erinnerungen aus ihrer Kindheit zu erzählen.*

---

* 1990 erschien im Claudius Verlag das Buch „Kindheitserinnerungen – Der Schlüssel zu Ihrer Persönlichkeit", in dem Kevin Leman und Randy Carlson ausführlich auf dieses Thema eingehen.

Das können ganz schwache Erinnerungen oder auch nur flüchtige Erinnerungsschimmer sein. Sie alle sind von Bedeutung. Wenn sie es nicht wären, hätten wir sie nicht so viele Jahre lang im Gedächtnis ‚gespeichert'. Ich glaube, daß diese frühen Erinnerungen Rückschlüsse darauf zulassen, wie ein Mensch im Augenblick sein Leben sieht.
Ich beriet einmal einen etwa zwanzigjährigen Mann. Seine früheste Erinnerung war, daß er zum Fenster hinausschaute und anderen Jungen dabei zusah, wie sie im stürmischen Wind ihre Drachen steigen ließen. Ihm kam es so vor, als hätte er seit seiner Kindheit immer nur abseits gestanden und anderen Leuten dabei zugeschaut, wie sie sich amüsierten. Er sah das Leben im Grunde an sich vorüberziehen, ohne daß er mit seinen Fähigkeiten eingreifen konnte. Welche Position nahm dieser Mann in der Geburtenfolge wohl ein? Natürlich, er war ein Erstgeborener. Seine Eltern waren über-perfektionistisch und stellten hohe Anforderungen. Ihm fehlte ganz einfach das Selbstbewußtsein, um irgend etwas richtig anzupacken.
Dabei steht bei Erstgeborenen eigentlich so viel auf ihrer Habenseite: Ehrgeiz, Konzentrationsfähigkeit, Organisationstalent, Kreativität. Sie sind mit einem analytischen Verstand und einem exzellenten Gedächtnis ausgestattet. Sie sind meistens die Führungspersönlichkeiten, zu denen die Gesellschaft aufschaut. Sie sind Siegertypen.
Aber all das kann aus dem Gleichgewicht geraten, wenn Perfektionismus ins Spiel kommt. Perfektionisten müssen daran arbeiten, offen, tolerant und geduldig zu sein – mit anderen und sich selbst. Das können sie nicht bei einem Wochenendseminar oder durch die Lektüre eines Buches. Es ist eine Aufgabe fürs Leben.

Der Unterschied zwischen ‚perfektionistisch' und ‚vollkommen'

Bei all dieser Kritik am Perfektionismus mögen Sie sich vielleicht fragen, was denn aus dem Streben nach Vollkommenheit geworden ist. Sind Erstgeborene und insbesondere Einzelkinder gezwungen, ihre hohen Maßstäbe fallenzulassen, um glücklich leben zu können? Nein, sie müssen nur den Unterschied begreifen zwischen dem Versuch, perfekt zu sein und dem Anspruch, vortreffliche Leistung zu erbringen.

Perfektionisten	**nach Vollkommenheit Strebende**
streben nach unerreichbaren Zielen	wollen hohen, aber erreichbaren Maßstäben gerecht werden
bewerten sich danach, was sie tun	bewerten sich danach, wer sie sind
resignieren und geben auf	können Enttäuschungen verkraften und machen weiter
lassen sich von Fehlern deprimieren	lernen aus Fehlern
können Fehler weder vergessen noch verarbeiten	korrigieren Fehler und lernen aus ihnen
können nur als Nummer Eins leben	sind zufrieden damit, Nummer Zwei zu sein, wenn sie wissen, daß sie ihr Bestes gegeben haben
verabscheuen Kritik	begrüßen Kritik
müssen gewinnen, um ihre Selbstachtung zu erhalten	werden zwar nur Zweite, haben aber ein positives Bild von sich selbst

Dritter Teil

Was die „anderen" Geschwister antreibt

Wenn Sie nach dem Erstgeborenen kamen, sind Sie entweder ein Mittelkind oder ein Nesthäkchen. Ein spätergeborenes Kind zu sein hat seine Vorteile – und seine Schattenseiten. Im folgenden Kapitel werden Sie erfahren …

- warum Mittelkinder so gute Diplomaten sind;
- welche Geschwisterkonstellations-‚Paarungen' die besten Aussichten auf eine dauerhafte Ehe haben;
- warum Letztgeborene sich eine ‚Ich-werde-es-ihnen-schon-zeigen'-Haltung zulegen;
- welche Spätergeborenen am häufigsten zu Autoverkäufern werden;
- welches Element den Jüngsten in Gang hält;
- warum sich mittlere Kinder zu Hause oft ‚eingezwängt' fühlen;
- warum Spätergeborene weniger ängstlich sind als Erstgeborene;
- welcher Spätergeborene als letzter Hilfe sucht;
- wer am ehesten das jährliche Familienfoto verpatzen wird.

KAPITEL 6

Das Mittelkind: zu spät geboren – und doch zu früh

Wie der Titel dieses Kapitels, so steckt auch das Mittelkind voller Geheimnisse. Zu mir kommen Erwachsene in die Beratung, die als mittlere Kinder (also irgendwo zwischen dem ältesten und dem jüngsten) aufwuchsen. Bei der Schilderung ihrer Frustrationen und Enttäuschungen kristallisiert sich gewöhnlich ein typisches Muster heraus: Sie kamen zu spät auf die Welt, um die Privilegien und die Aufmerksamkeit zu genießen, die man Erstgeborenen offensichtlich schon in die Wiege legt. Und sie kamen zu früh auf die Welt, um „sich alles erlauben zu dürfen", was den Nesthäkchen vorbehalten bleibt.

Die Psychologen Bradford Wilson und George Edington haben in ihrem Buch ‚Erstes Kind, Zweites Kind'[1)] festgestellt, daß von allen Geschwisterpositionen die mittlere am schwierigsten zu definieren sei. Bedenken wir nur einmal, daß das Wort Mitte vielerlei bedeuten kann. Das typische mittelgeborene Kind ist wahrscheinlich das zweite von dreien. Es kann aber genausogut das dritte von vieren oder das vierte von fünf Kindern sein. Einige Bücher gehen in allen Einzelheiten auf die verschiedenen Arten von Mittelgeborenen ein. Im Verlauf meiner Beratungstätigkeit habe ich jedoch herausgefunden, daß mittlere Kinder und Zweitgeborene eine Menge Gemeinsamkeiten haben, weil viele Ehepaare nicht mehr als drei Kinder bekommen. Für unsere Zwecke fassen wir in diesem Kapitel das Zweitgeborene und die mittleren Kinder zusammen und nennen sie ganz einfach ‚Mittelkinder'. Später befasse ich mich dann näher mit den Erziehungsproblemen in einer Zwei-Kinder-Familie.

Eine Welt voller Widersprüche

Bei der Beschäftigung mit Mittelkindern sollte man stets den Einfluß des ‚Verzweigungs-Effektes' berücksichtigen: der Zweitgeborene wurde am direktesten vom Erstgeborenen beeinflußt, das dritte Kind am stärksten vom zweiten, usw. Mit dem Wort Einfluß meine ich, daß jedes Kind zunächst ‚aufblickt' und sich am älteren Bruder oder der älteren Schwester mißt. Der Zweitgeborene nimmt sich den Erstgeborenen zum Vorbild. Während er nun die Handlungsweise des Älteren beobachtet, entwickelt der Zweitgeborene einen eigenen Lebensstil. Spürt er, daß er mit dem Älteren konkurrieren kann, dann wird er das (möglicherweise) tun. Ist der ältere Bruder oder die ältere Schwester allerdings stärker oder gescheiter, dann wird der Jüngere es vorziehen, eine ganz andere Richtung einzuschlagen.

Sobald der Zweitgeborene in die Familie ‚einzieht', wird seine Sicht vom Leben durch seine Wahrnehmung bestimmt. Er kann Opfer oder Märtyrer werden. Er kann sich zu einem Manipulierer oder einem Kontrollierer entwickeln. Aber welcher Lebensstil es auch sein mag – mit ihm soll der Erstgeborene ‚überrundet' werden. Die allgemeine Formel, die aus allen wissenschaftlichen Veröffentlichungen zum Thema Geburtenfolge gezogen werden kann, lautet: Zweitgeborene Kinder werden sich mit großer Wahrscheinlichkeit zum Gegenteil des Erstgeborenen entwikkeln.

Da spätergeborene Kinder von dem unmittelbar über ihnen plazierten Bruder oder Schwester ‚abprallen', kann man kaum voraussehen, welche charakterliche Entwicklung sie nehmen werden. Typische Merkmale von Mittelkindern klingen oft sehr gegensätzlich. Die folgende Tabelle enthält Begriffe, die alle sehr typisch für ein Mittelkind sein können. Es fällt nicht schwer, die direkten Widersprüche herauszulesen:

einsam, ruhig, scheu	gesellig, kontaktfreudig
ungeduldig, leicht enttäuscht	bewältigt das Leben mühelos, entspannt
starkes Konkurrenzgefühl	umgänglich, keine Konkurrenzangst

Aufrührer, Raufbold	Friedensstifter, Vermittler
aggressiv	konfliktscheu

Das Mittelkind ist ein ‚Sowohl als auch'-Typ – ein Ergebnis des vielfältigen Druckes, der aus verschiedenen Richtungen ausgeübt wird. Man muß schon die familiären Umstände des Mittelkindes kennen, um seine Lebensphilosophie zu begreifen.

Mittelkinder werden nicht genügend respektiert

In meinen Beratungsgesprächen mit Mittelkindern wurde mir gegenüber immer wieder geäußert, sie – die Mittelgeborenen – hätten in der Phase des Heranreifens nie zu spüren bekommen, daß sie etwas Besonderes wären. Das Erstgeborene hatte seinen Platz, und auch das Jüngste nahm eine besondere Stellung ein. Aber das Mittelkind? Es schien ganz einfach kein Platz mehr zu sein. Folgende Szene ist erfunden, aber für viele Mittelkinder leider bittere Realität:

Wenn Mama Sylvia vorstellte, sagte sie: „Das ist Sylvia, meine Älteste."

Wenn Mama Rudolf vorstellte, sagte sie: „Das ist Rudi, unser Jüngster."

Wenn Mama Jochen vorstellte, sagte sie: „Das ist Jochen, mein ältester Sohn."

Wenn Mama aber Jasmina vorstellte, sagte sie nur: „Das ist Jasmina." Sie wußte nicht, wie sie ausdrücken sollte, daß Jasmina das mittlere Kind war. Niemand hatte es bemerkt. Außer Jasmina selbst.[2)]

Ein untrüglicher Beweis für die Zurücksetzung des Mittelkindes durch die Eltern ist im Fotoalbum ‚nachzulesen': es gibt fast keine Einzelaufnahmen von Mittelkindern! Wenn ich Mittelgeborene provozieren will, dann brauche ich nur das Wort ‚Fotoalbum' auszusprechen. Es ist tatsächlich eigenartig: Die Eltern schienen sich ganz plötzlich keinen Film mehr leisten zu können, oder die Kamera ging entzwei und wurde bis zur Ankunft des jüngsten Kindes nicht mehr repariert ...

Von fünften Rädern und deren Freunden

Mittelgeborene fühlen sich häufig wie ein fünftes Rad am Wagen: nicht dazugehörend, unverstanden, überflüssig, immer irgendwie von jüngeren oder älteren Geschwistern überholt oder hochmütig übergangen. Daher ist es nicht verwunderlich, daß mittelgeborene Kinder sich mehr mit ihresgleichen zusammentun als Kinder aus anderen Geschwisterpositionen. Für Mittelkinder sind Freunde ungemein wichtig. Zu Hause gilt der Älteste als etwas Besonderes, weil er der erste ist. Das Jüngste ist etwas Besonderes, weil es das letzte ist. Das mittlere Kind jedoch ist eben ,nur Maria' oder der ,gute alte Hans'.

Es gibt in der Psychologie eine Theorie, die besagt, daß menschliches Handeln drei Motivationen entspringt:

1. Belohnungen und Anerkennung zu erhalten
2. Schmerz und Gefahr zu vermeiden
3. ausgeglichen zu sein[3)]

Diese drei Motivationen gelten für alle Geburtspositionen. Besonders interessant ist es allerdings, ihren Auswirkungen auf die Verhaltensweisen eines typischen Mittelkindes nachzuspüren.

Um sich Belohnungen und Anerkennung zu verschaffen, verläßt der Mittelgeborene seine Familie und baut sich außerhalb eine andere Art von ,Familie' auf. Erstgeborene haben gewöhnlich weniger Freunde, Mittelgeborene dagegen eine ganze Menge. Um den Schmerz darüber, ein ,Außenseiter' in der Familie zu sein, zu vermeiden, ,verläßt' das mittlere Kind ,sein Zuhause' als erster. Das soll nicht heißen, daß es davonläuft, aber es schließt in Schule und Nachbarschaft schneller Freundschaften. Es hat einfach genug davon, immer gesagt zu bekommen, „dafür bist du noch zu jung", wenn es sich dieselben Rechte wie der Älteste nehmen will, und „dafür bist du zu alt", wenn es sich nach Streicheleinheiten sehnt, wie sie der Jüngste erhält. Darum begibt sich das Mittelkind dorthin, wo es ,genau das richtige Alter' hat – zu seinen Altersgenossen.

Und um im Einklang mit sich selbst zu sein – zumindest, was das Gefühl von Entwurzelung betrifft – entwickelt sich ein Mittelgeborener zu einem ‚Freigeist'. Er nimmt sich das Recht heraus, die familiären Gebote zu übertreten, indem er sich Werte einer anderen Gruppe zum Maßstab wählt. Diese Gruppe ist möglicherweise ein Sportclub (Mittelkinder sind ausgezeichnete Mannschaftsspieler), oder eine Bande von Kindern, die sich gemeinsam herumtreiben. Das Wichtige an der Sache ist, daß der Mittelgeborene diese Gruppe als die seine erfährt, als etwas, über das seine Familie keine Gewalt hat.

Mittelkinder sind gute Diplomaten

Manche Mittelkinder suchen sich auch andere Wege, um ihre Bedürfnisse nach Anerkennung, Schmerzvermeidung und Ausgeglichenheit zu befriedigen. Sie ziehen es vielleicht vor, Vermittlerpositionen zu suchen und sogar hin und wieder Dinge in eine ihnen genehme Richtung zu lenken (zu manipulieren). Da sie Vater und Mutter nicht für sich alleine haben und auch ihren Willen nicht immer durchsetzen konnten, haben sie gelernt, zu verhandeln und Kompromisse zu schließen.
Die Neigung des Mittelgeborenen, den Verhandlungs- und Kompromißweg zu wählen, kann jedoch auf ihn zurückschlagen. Ich erinnere mich an eine attraktive, gutgekleidete Frau, die in meine Sprechstunde kam. Wie sich herausstellte, war sie seit mehr als zwanzig Jahren verheiratet und hatte mehrere Kinder großgezogen. Diese Frau war eine Zweitgeborene – eine Super-Ehefrau und eine Super-Mutter.
Nach einigen Sitzungen kam die Wahrheit ans Licht: Ihr Mann hatte nebenher einige Affären gehabt. Die zweitgeborene Frau ertrug es – immer wieder. Sie folgte ihrem Lebenskonzept, das Boot, in dem sie sitzt, niemals zum Schaukeln zu bringen. Bestimmt war ihr Durchhaltevermögen zu einem Teil auf die Liebe zu ihrem Mann und ihren Kindern zurückzuführen; zu einem großen Teil jedoch waren die Beweggründe dafür in ihrem Bedürfnis, Frieden um jeden Preis haben zu wollen, zu suchen. Die Frau war verletzt. Was sollte ich ihr raten? Ihr Verhaltensmuster würde sich nicht ändern! Natürlich hatte sie eine ganze Reihe von Möglichkeiten: auszuziehen, die Scheidung einzureichen,

die andere Frau zu einem Gespräch zu stellen, es den Kindern zu erzählen – ihren Mann also unter Druck zu setzen. Aber eigentlich wollte sie gar nichts unternehmen. Sie war Opfer, und sie überließ sich dem, was man als Opferdenken bezeichnet. Sie würde sich bis zum bitteren Ende an ihren treulosen Ehemann klammern. Darauf konnte er sich verlassen ...

Wie man die Mittelposition behauptet

Wir haben gesehen, wie schwierig es ist, ein so klares Bild von Mittelkindern zu zeichnen, wie es für Erstgeborene und Einzelkinder möglich ist. Trotzdem gibt es einige Beobachtungen und Vorschläge, die einem erwachsenen Mittelgeborenen helfen können, sich selber und seine Beziehungen zu anderen Menschen besser zu verstehen.

1. Wissenschaftliche Untersuchungen zeigen, daß Mittelkinder die verschlossensten sind.[4] Wenn das auch auf Sie zutrifft, sollten Sie sich fragen, ob Sie möglicherweise wie ein ‚gebranntes Kind' reagieren: es ist sehr wählerisch in seinen Beziehungen und hat beschlossen, nicht zu vielen Menschen Vertrauen entgegenzubringen. Diese Einstellung ist nicht notwendigerweise bedrohlich – außer vielleicht für eine Ehe, die an zu wenig oder gar keiner Kommunikation ‚eingeht'.
2. Mittelkinder sind die letzten, die sich von Psychologen, Ärzten oder Geistlichen helfen lassen.[5] Erstgeborene, Ingenieure, Ärzte – sie analysieren ihre (Not-)Lage und suchen dann die Hilfe einer ‚Autorität', die sie da wieder herauszuholen vermag. Und auch die Jüngsten, die es gewohnt sind, daß man sich um sie kümmert und ihnen hilft, haben da keine Berührungsängste. Mit Mittelgeborenen haben es die helfenden Berufe weniger zu tun, was auch leicht zu erklären ist. Das liegt zum einen an der ‚gebranntes Kind'-Reaktion und zum anderen an der geistigen Stärke und Unabhängigkeit, die sich das mittlere Kind erwirbt, wenn es lernt, sich mit der Zurückwei-

sung abzufinden, die es zu Hause durchlebt. Es ist schön, wenn man stark und unabhängig ist. Aber es ist töricht, Hilfe zurückzuweisen, wenn man sie nötig hat. Sind Sie gerade in einer Situation, in der Sie Hilfe brauchen könnten, dann nehmen Sie sich Zeit, und durchdenken Sie die Lage. Sie könnten sich sonst mit Ihrer ‚Ich-werd's-ihnen-schon-zeigen'-Einstellung ins eigene Fleisch schneiden.

3. Mittelkinder sind Mitläufer, vor allem in den Teenager-Jahren.[6] Waren Ihre Eltern auch der Meinung, daß Sie sich mit der falschen Clique abgaben? Dann sollten Sie ja das nötige Verständnis für Ihre Kinder zeigen, wenn sie sich genauso verhalten!
4. Mittelkinder werden sich am ehesten um das ‚Funktionieren' ihrer Ehe bemühen.[7] Das leuchtet ein. Mittelkinder litten unter dem Gefühl, als Heranwachsende in ihren Familien nicht richtig dazuzugehören. Gründen sie eine eigene Familie, haben sie das starke Verlangen, diese Ehe zu einem Erfolg werden zu lassen. Diese positive Eigenschaft kann jedoch auch als schmerzhaft empfunden werden, wenn der andere Ehepartner das (durch Untreue oder ungerechte Behandlung) ausnützt.
5. Mittelkinder sind leicht in Verlegenheit zu bringen. Aber sie werden das niemals zugeben.[8] Das ist wiederum auf die Tendenz aller Mittelgeborenen zurückzuführen, Widersprüche in sich zu bergen. Mittelkinder lehnen sich gern gegen Konventionen auf; doch wollen sie gleichzeitig nie als Außenseiter erscheinen.

Zusammengefaßt kann man sagen, daß die Mitte eigentlich kein so schlechter Platz ist. Wissenschaftliche Untersuchungen zeigen, daß Mittelgeborene nicht so viele Komplexe und Probleme haben wie Erstgeborene oder Einzelkinder. Sie als mittleres Kind denken vielleicht, Ihr großer Bruder oder Ihre große Schwester hätten alle Chancen gehabt, als Sie noch dabei waren, die Kinderschuhe abzustreifen. Zum Leben gehört jedoch mehr als Chancen und Privilegien.

Spätergeborene Kinder sind auch weniger ängstlich als Erstgeborene. Warum das so ist? Weil Erstgeborene die Ängste der Eltern

spüren, die sich mit Problemen herumschlagen müssen, mit denen sie keine Erfahrungen haben. Beim zweiten Kind sehen die Eltern alles schon viel entspannter und gelassener.
Alfred Adler, der Vater der Geburtenfolge-Theorie, glaubte, daß in den meisten Fällen die mittlere Position ein ziemlich sicherer Platz sei. Allerdings, so räumte er ein, könne auch ein Zweitgeborener durchaus seine Probleme bekommen, wenn er einen überragenden Bruder (oder Schwester) vor sich habe. Aber selbst für den Fall, daß Sie im Schatten eines(r) herausragenden Kronprinzen (-prinzessin) aufwuchsen, sollten Sie keine Zeit mit Selbstmitleid verschwenden. Seien Sie für die Erfahrung dankbar, die Ihnen zumindest das Verständnis für Menschen vermittelt hat, die es nie zur Berühmtheit bringen werden.
Kathy Nessel, eine Psychologen-Kollegin und selbst ein Mittelkind, faßt die ‚Vorzüge' dieser Position der Geburtenfolge so zusammen: „Wir Mittelkinder sind als Erwachsene verläßlich und zäh, da wir daran gewöhnt sind, das Leben als ziemlich ungerecht zu erfahren. Wir hegen keine zu großen Erwartungen und sind folglich eher bereit, in einer Beziehung bestimmte Dinge hinzunehmen. Das mittlere Kind sagt: ‚Nun, das ist zwar nicht vollkommen, doch ist es irgendwie schön.' Wir sind nicht so energiegeladen wie Erstgeborene, aber wir sind auch nicht in ihren Zwängen gefangen."[9)]
Vielleicht ist ‚ausgeglichen' ein gutes Wort zur Charakterisierung von Mittelkindern. In unserer verdrehten Welt ist es schließlich gar nicht so schlecht, ‚im Gleichgewicht' zu sein.

Tips für Mittelkinder

In manchen Büchern über die Geschwisterfolge wird das Mittelkind als ein bemitleidenswertes Wesen dargestellt. Die abgetragene Hose vom älteren Bruder, fast keine Bilder im Familienalbum und das Gefühl, ein ‚fünftes Rad' zu sein, gelten als stereotypes Schicksal des mittleren Kindes. Es stimmt, daß Erstgeborenen und Nesthäkchen mehr Aufmerksamkeit zuteil wird. Und doch glaube ich, daß Mittelkinder besser auf das Leben vorbereitet sind.

1. Mittelkinder verfügen über die Fähigkeit zur sozialen Interaktion, weil sie in ihrer Jugend so viel vermitteln mußten. Nutzen Sie die Fähigkeiten, immer beide Seiten zu sehen, und gehen Sie mit dem Leben so um, wie es wirklich ist.
2. Vielleicht sagen Sie aber auch: „Ich bin nun wirklich kein großer Verhandler. Ich möchte lieber in Ruhe gelassen werden und das tun, was ich will." Sind Sie der Typ des ‚Freigeistes', dann kämpfen Sie darum, Ihre einzigartigen Fähigkeiten zu erhalten. Im Geschäftsleben werden immer Leute mit neuen Ideen und der Freiheit, diese auch umzusetzen, gesucht.
3. Mittelkinder können in dem Glauben aufwachsen: „Wenn mir schon in der Familie niemand zugehört hat, werde ich auch bei anderen Menschen auf taube Ohren stoßen." Anstatt sich aber nun für Ihre Überzeugungen zu entschuldigen oder überhaupt keine zu äußern, sollten Sie Ihre Ideen lieber anderen Menschen mitteilen. Außerdem werden Sie erstaunt sein, wie viele Leute jemanden suchen, der nicht immer nur reden will!
4. Wenn auf Sie das Etikett ‚hat ne Menge Freunde' zutrifft, dann freuen Sie sich darüber und genießen Sie es. Doch verlieren Sie sich nicht zu sehr darin. Kein Mensch ist imstande, viele Beziehungen und Bekanntschaften aufrechtzuerhalten und sie auch noch sinnvoll und intensiv zu gestalten.
5. Lassen Sie sich nicht auf Vergleichsspielchen ein. Sie wissen genau, daß es immer Menschen geben wird, die fähiger, interessanter, selbstsicherer, schöner (?) sind als andere. Vergleiche zu ziehen ist fast immer sinnlos. Seien Sie einfach mit sich zufrieden.
6. Gehen Sie nicht von der falschen Vorstellung aus, daß Führungspositionen nur etwas für Erstgeborene sind. Mittelkinder können ausgezeichnete Manager sein, weil sie es verstehen, zu verhandeln und Kompromisse zu schließen. Machen Sie Gebrauch von Ihren Fähigkeiten als mittleres Kind, und packen Sie's an!

KAPITEL 7

Das jüngste Kind: zuletzt geboren, doch selten zu kurz gekommen

Wir schreiben das Jahr 1952. In der Sporthalle der Williamsville Central High School, im westlichen Teil des Staates New York gelegen, ist ein hartumkämpftes Basketball-Spiel im Gange. Ein schmächtiger achtjähriger Junge hampelt während einer Auszeit vor den Zuschauerrängen herum und versucht, die Stimmung anzuheizen. Sein Pullover trägt ein Emblem mit dem Mannschaftsmaskottchen – einem Ziegenbock.

Die Fans in der Halle toben. Aber es sind keine Anfeuerungsrufe für ihre ‚Ziegenböcke'. Sie schreien vor Lachen über diesen kleinen Jungen, der da in der Mitte herumhampelt und nicht mehr weiß, was als nächstes kommt. Seine ältere Schwester schaut schon ganz verlegen. Aber schließlich muß sie ebenfalls lachen. Der Kleine ist wirklich zu drollig!

Dem kleinen Kerl scheint das alles gar nichts auszumachen. Er blickt zu den Zuschauerrängen hinauf und findet es toll, daß alle lachen!

Nesthäkchen stehen gern im Rampenlicht

Der kleine Junge war ich – Letztgeborener in einer Reihe von drei Kindern. Ich habe Ihnen schon Sally und Jack, Erst- und Zweitgeborene in unserer Familie, vorgestellt. Dann kam noch der letztgeborene Kevin, der mit elf Tagen einen Kosenamen erhielt. Der Name blieb an mir haften. Als ich anfing, mich im Watschelgang fortzubewegen, wurde mir instinktiv bewußt, daß ich in meiner Familie stets ‚das Bärchen' sein würde. Als Jüngster ist man zwar der Zuletztgekommene, doch entwickelt man einen sechsten Sinn, der einem sagt, daß man nie der Zukurzgekommene sein wird!

Jüngste Kinder sind gewöhnlich die unterhaltsamen Charmeure, die gutaussehenden Manipulierer. Sie sind lieb, unkompliziert und manchmal auch ein bißchen geistesabwesend. Ihre Art, wie sie das Leben angehen, ruft entweder Schmunzeln oder Kopfschütteln hervor. Es sind höchstwahrscheinlich Letztgeborene, die zum Vorsingen für den Schulchor mit offenem Hosenlatz erscheinen. Zweifellos finden sie – und andere – das komisch.

Auch mir wurde von niemandem eingeredet, daß ich der Familienclown zu sein habe; ich übernahm diese Rolle ganz von selbst. Ich war der Typ ‚Nervensäge' und wollte damit Beachtung finden. Meine Bestimmung war es, die Leute zum Lachen zu bringen, oder dazu, mit Fingern auf mich zu zeigen und Kommentare zu meinem Verhalten abzugeben.

Mindestens zwei Gründe waren ausschlaggebend für meinen Drang, berühmt werden zu wollen: ein fünf Jahre älterer Bruder, der von möglichen 10 immer 9,75 Punkte, und eine acht Jahre ältere Schwester, die exakt 10 Punkte erzielte. So weit ich zurückdenken kann, hatte ich den Eindruck, im Vergleich zu ihren Fähigkeiten und Leistungen nie mehr als 1,8 Punkte zu erreichen.

Ich überlegte daher, wie ich mir meinen Teil an Aufmerksamkeit sichern konnte. Gerade fünf Jahre alt, nahm ich an der Hochzeit von Verwandten teil – und wurde für immer in ihrem Hochzeitsbuch verewigt. Als der Zeitpunkt gekommen war, Reis zu werfen, machten natürlich alle mit. Mir war das zu normal. Ich warf kleine Steinchen.

Schließlich wurde aus mir ein Psychologe. Mir macht dieser von mir gewählte Beruf viel Freude, und ich ziehe eine tiefe Befriedigung daraus, Familien zu helfen. Meine eigentliche Berufung ist es jedoch, Menschen zum Lachen zu bringen. Und das versuche ich, wo immer sich dazu Gelegenheit bietet: bei Seminaren, Tagungen und in Fernseh- oder Rundfunksendungen. Es ist eine typische Charaktereigenschaft des Jüngsten, ein sorgloser und

lebhafter Gesellschaftsmensch zu sein, der trotz (oder wegen?) seiner spaßigen Einfälle von allen gemocht wird.
Lassen Sie die Familie zum großen Weihnachtsfamilienfoto zusammenkommen; geben Sie sich die größte Mühe, die Leute an ihren Platz zu bugsieren, um dann, wenn alle halbwegs normal dreinblicken, den Auslöser zu betätigen – hoppla! Wer zieht da in der linken Ecke eine gräßliche Grimasse? Richtig, es ist der kleine Werner (der durchaus schon sechsundzwanzig Jahre alt sein kann). Er konnte die Gelegenheit zu einem Späßchen einfach nicht auslassen ...
Vielleicht steckt aber auch ein anderer Grund dahinter. Die meisten Letztgeborenen sind nämlich nicht nur charmant, gesellig, lieb und unkompliziert, sondern können gleichermaßen rebellisch, kritisch, eigenwillig, ungeduldig und unüberlegt sein.

Die ‚Clowns' wollen ernstgenommen werden

Mir selbst ist diese ‚dunkle Seite' der Letztgeborenen durchaus nicht fremd. Ganz ohne Frage war ein Teil meiner ‚Clown-Motivation' in dem Makel begründet, nicht als der ‚Kronprinz' geboren zu sein. Sally und Jack waren mir zuvorgekommen. Mir schien es so, als verfügten sie über alle Talente und Fähigkeiten, während ich nur ein Blindgänger war.
Diese Empfindungen sind typisch für den Letztgeborenen. Auf ihm lastet der Fluch, nicht ernstgenommen zu werden – in der Familie nicht und später von seiner Umgebung auch nicht. So ist es in der Tat charakteristisch für Letztgeborene, daß sie das ‚brennende Verlangen in sich spüren, für die Welt einen bedeutenden Beitrag zu leisten'.[1)] Von dem Zeitpunkt an, da sie die Welt zu verstehen beginnen, werden sich letztgeborene Kinder der Tatsache bewußt, daß sie die Jüngsten, Kleinsten, Schwächsten und die am schlechtesten für die Bewältigung des Lebens Ausgerüsteten sind. Wie sollte man dem kleinen Fritzchen zutrauen können, den Tisch zu decken oder die Milch einzugießen? Dafür ist er einfach noch nicht ‚groß genug'!
Die Familientherapeutin M.S.Kennedy hat die Nesthäkchen sehr treffend charakterisiert. Sie selbst ist auch ein jüngstes Kind und

spricht daher aus Erfahrung, wenn sie beobachtet, daß jüngste Kinder ‚unvermeidlich im mächtigen Schatten derer leben, die vor ihnen geboren wurden'.[2)]

Ich kann es gut nachvollziehen, wenn Frau Kennedy sich daran erinnert, wie ihre frühen Leistungen (Schuhe zubinden, lesen, die Uhr lernen) mit höflichem Gähnen und müde dahingemurmelten Kommentaren ("Oskar, weißt du noch, wie Ralf das zum erstenmal machte?") aufgenommen wurden. (Ralf war natürlich der erstgeborene Bruder.) Letztgeborene wissen instinktiv, daß ihre Fähigkeiten von weit weniger Gewicht sind als die ihrer älteren Geschwister. Nicht nur, daß Eltern auf die Leistungen des Jüngsten nicht mehr mit spontaner Freude reagieren. Sie mögen sich auch noch fragen: „Warum lernt das Kind nur nicht schneller? Sein älterer Bruder war schon mit zweieinhalb Jahren so weit."

Das mag zum einen daran liegen, daß viele Eltern schon ein wenig ‚müde' sind, wenn das letzte Kind geboren wird. Sie haben nicht mehr so recht Lust, dem Kind etwas beizubringen und überlassen den Letztgeborenen oft sich selbst. So ist es nicht ungewöhnlich, daß jüngste Kinder ihre Kenntnis vom Leben vor allem durch ihre älteren Brüder und Schwestern vermittelt bekommen.

Daß jüngste Kinder von ihren älteren Geschwistern unterrichtet werden, bietet jedoch keine Gewähr dafür, daß ihnen die Fakten des Lebens (oder irgendwelche anderen Dinge) auch zuverlässig nahegebracht werden. Letztgeborene sind es gewohnt, abgewiesen zu werden. Sie werden von den älteren Geschwistern ausgelacht, weil sie immer noch an den Osterhasen glauben. Wen wundert es also, wenn Letztgeborene sich die Einstellung aneignen: „Denen werde ich's schon zeigen."

Kevin, der Clown – eine wechselvolle Karriere

Der Wunsch, ‚es den anderen zu zeigen', war ein wesentlicher Motivationsfaktor in meiner Kindheit. Sally, fast so etwas wie eine zweite Mutter für mich, und Jack waren mir in dem, was sie leisteten, weit überlegen. Sally, die ‚Einser (mit Sternchen)'-

Schülerin, und Jack, der ‚Zwei plus'-Schüler, waren die ‚Stars' der Familie. Ich sah mir das nur kurz an und beschloß, es ganz anders zu machen. Lesen langweilte mich, und überhaupt war Lernen das letzte, was ich wollte.

Aber ich wollte Aufmerksamkeit erregen – und brauchte sie so dringend, daß ich sie mir durch Clownereien, durch Sticheleien und Aufschneiden verschaffte. Ich wurde nicht der typische jugendliche Straffällige. Im Gegenteil – ich konnte ganz schön liebenswert und charmant sein (was mir vermutlich einige Male das Leben rettete, als ich meinem großen Bruder Jack zu sehr auf die Nerven fiel). Eine andere Charaktereigenschaft, die Nesthäkchen zugesprochen wird, ist die ‚Sehnsucht' nach Lob und Bestätigung. Das Streicheln über den Kopf, ein aufmunternder Klaps auf die Schulter und ein ‚Komm, beeile dich ein wenig – wir verlassen uns auf dich' genügen vollkommen, um einen Letztgeborenen zu motivieren.[3)]

Es ist jedoch für einen Leoparden unmöglich, seine Flecken zu verändern. Da ich schon als Kind mit diesem Bewußtseins-Stärkungsmittel in Berührung gekommen war, führte ich meine Clownereien später zu künstlerischer Vollendung. Als ich schließlich in die Highschool kam, war ich (im Possenreißen) Meister aller Klassen, während sich die Lehrer an den Rand des Wahnsinns getrieben sahen.

Kein Streich war mir blöd genug: Ich krabbelte auf Händen und Knien aus dem Klassenzimmer, setzte Papierkörbe in Brand, brachte alle Schüler dazu, auf 2 Uhr nachmittags gestellte Wecker in die Schule mitzubringen und sie in ihre Fächer einzuschließen. Heutzutage würden die Lehrer darüber nur die Köpfe schütteln und sich dann wieder mit den Sorgen befassen, die ihnen die Drogendealer auf dem Schulgelände bereiten. Vor dreißig Jahren hingegen brachten mir diese Streiche viel Gelächter ein.

Wenn sich Psychologen über den Charme des Letztgeborenen auslassen, vergessen sie nicht zu erwähnen, daß es eine ‚Freude sein kann', sie/ihn ‚in einer Gruppe zu haben'. Nicht für meine Lehrer. Ich war absolut keine Freude. Die meisten Lehrer glaubten sogar, ich wolle sie fertigmachen. Aber das stimmte nicht – ich legte es ja nur darauf an, die Bewunderung meiner Klassenkameraden zu ergattern und im Rampenlicht zu stehen. Nur sehr wenige meiner Lehrer verstanden das. Einer allerdings, mein Englischlehrer, schaffte es leicht, mich bei der Stange zu halten. Seine direkte und geschäftsmäßige Art machte mir ziemlich bald klar: „Paß dich an, oder du fliegst raus!" Ich paßte mich an. Wie sollte ich denn auch die Show machen, wenn ich vor der Tür stand?

Wahrscheinlich war diesem Lehrer der Begriff völlig fremd, aber er war ein Fachmann auf dem Gebiet der realitätsnahen Erziehung (‚Reality Discipline'). Besonders Letztgeborene benötigen diese Art von Erziehungsstil, der sich unmittelbar der Probleme des Schülers annimmt und von ihm fordert, für seine Handlungen selbst verantwortlich zu sein. Doch dazu in Teil 5 mehr, wenn es um Kindererziehung geht.

Ich wäre ein wesentlich besserer Schüler gewesen – schließlich war ich nicht dumm –, aber in den Schulen, die ich besuchte, wurde nicht zur Eigenverantwortung erzogen. Man schleppte mich nur durch. Kerle wie Leman wollte man schnell wieder loswerden, je eher, desto besser. Nur ganz wenige Lehrer durchschauten die Possenspiele des Nesthäkchens. Es gab auch noch eine Mathematiklehrerin, die sich nicht hinters Licht führen ließ. Als die letzte Klasse an der Highschool begann, nahm sie mich zur Seite, schaute mir tief in die Augen und fragte: „Kevin, wann hörst du endlich mit deinem Spielchen auf?"

„Von welchem Spiel reden Sie?" fragte ich zurück.

„Das Spiel, das du am besten beherrschst," lächelte sie, „der Schlechteste zu sein!" Ich lachte und versuchte, mich weiterhin so zu verhalten, als fühlte ich mich nicht betroffen, doch sie hatte mich durchschaut.

Wenn ich eingeladen werde, um zu Jugendlichen zu sprechen, erzähle ich ihnen meine Geschichte und stelle dabei deutlich heraus, daß ihnen mein Verhalten als junger Mensch kaum zur Nachahmung empfohlen werden kann. Ganz im Gegenteil, ich gebe ihnen zu bedenken – genau wie meine Mathematiklehrerin es bei mir tat –, daß es ein ganz dummes Spielchen ist, der Beste in Sachen Bosheit und Gemeinheit sein zu wollen.

Wichtig ist jedoch, darauf hinzuweisen, daß ich durch die schließlich erfolgte Richtungsänderung in meinem Leben nicht auch von meiner Letztgeborenen-Natur völlig Abschied nahm.

Mein Leben war immer auf Menschen bezogen, und ich wählte einen Beruf, der den Menschen zum Mittelpunkt hat. Es gibt wissenschaftliche Studien, die nachweisen, daß die Jüngsten aus einer Familie nach Berufen streben, die menschenbezogen sind, wogegen Erstgeborene und Einzelkinder eher Jobs ergreifen, in denen der Umgang mit Daten und anderen materiellen ‚Dingen' gefordert ist.

Autoverkäufer – die typischen Letztgeborenen

In den USA gibt es eine ganz besondere Spezies von Menschen. Es sind die Gebrauchtwagen-Verkäufer, die jeden Kunden, kaum daß er das Gelände betreten hat, mit breitem Grinsen und lockeren Sprüchen zum Kauf überreden wollen.
Sie können davon ausgehen, daß diese Verkäufer mit großer Wahrscheinlichkeit Letztgeborene sind. Man sollte vorsichtig mit ihnen umgehen. Sie sind nämlich imstande, einem das eigene Haus zu verkaufen und obendrein noch anzubieten, daß der Vorbesitzer die Renovierung übernimmt!
Das ist etwas übertrieben, zugegeben, aber im Kern ist es wahr. Ich berate öfter verschiedene Unternehmen. Bei einer dieser Beratungen in einer Autofirma unterhielt ich mich mit einem Verkäufer über die Geschwisterfolge. Wie sich herausstellte, war er, wie auch fast alle anderen Verkäufer im Betrieb, ein ‚Nesthäkchen'. Und der Firmenchef? Der Faustregel folgend vermutete ich, daß er ein Erstgeborener war. Wieder Volltreffer. Führungspositionen werden sehr häufig von Ältesten besetzt. Dieser Firmenchef war zwar selber ein ausgezeichneter Verkäufer, doch war er als Erstgeborener zu dem aufgestiegen, was seinen wahren Wünschen entsprach: peinlich genau zu sein und fein säuberlich die schwarzen Zahlen aufzulisten.
Zwischen diesem erstgeborenen Chef und einigen seiner letztgeborenen Verkäufer waren nun Differenzen entstanden, weil diese dem pünktlichen Ausfüllen ihrer Berichtsbögen und anderen ‚Nebensächlichkeiten' nicht die erwünschte Aufmerksamkeit schenkten. Bei einer Tasse Kaffee unterhielt ich mich mit dem Chef. Ich fragte ihn: „Was erwarten Sie nun wirklich von Ihren Leuten: daß sie verkaufen oder Papierkram erledigen?"

Die Antwort war kurz und knapp: „Beides natürlich!"
Ich empfahl ihm, nicht länger zu versuchen, aus Letztgeborenen Perfektionisten zu machen. Konnte man das Problem nicht beilegen, indem eine Sekretärin eingestellt wurde, die die Schreibarbeiten erledigte? So hätten die Verkäufer wieder die Möglichkeit, das zu tun, was sie am besten konnten – verkaufen!
Der Firmenchef nahm meine Anregung auf und übertrug die Schreibarbeiten einer Sekretärin. Und wie selbstverständlich steigerten sich die Verkaufsabschlüsse, was wiederum einen höheren Umsatz für das Unternehmen bedeutete.

Letztgeborene müssen mit ihrer Zwiespältigkeit leben

‚Nesthäkchen' sind ständig hin und hergerissen, was ihre Emotionen und Erfahrungen betrifft.[4] Mein eigenes Leben ist ein gutes Beispiel dafür. Wir Jüngsten können in einem Augenblick betören und für uns einnehmen und im nächsten rebellisch und schwer umgänglich sein; wir können uns aus energiegeladenen Kraftwerken in zerbrechliches Porzellan verwandeln. Wir können am Montag himmelhochjauchzend und am Dienstag zu Tode betrübt sein.
Ich bin mir nicht ganz sicher, welches die Gründe für diese Charakter-Ambivalenz bei den Letztgeborenen sind. Aber es gibt ein paar mögliche Erklärungen. Mit jüngsten Kindern wird sehr zwiespältig umgegangen: in einem Augenblick verhätschelt, liebkost und verwöhnt, im nächsten abgewiesen, herabgesetzt und verspottet. Als Selbstschutz legen wir Jüngsten uns eine Dreistigkeit zu, die uns dabei hilft, Selbstzweifel und Verwirrung in uns zu überspielen. Wir sagen uns: „Sie haben mich bereits abgeschrieben, als ich noch ganz klein war. Immer kam ich als letzter dran, und ernstgenommen wurde ich auch nicht. Aber ich werde es ihnen schon zeigen!"
Unter dieser angeblichen Unabhängigkeit steckt ein Rebell: man nimmt sich etwas vor, tut es und macht sich erst später über die Folgen Gedanken. Letztgeborene zeigen ihren älteren Geschwistern, Eltern und der ganzen Welt, daß man mit ihnen rechnen muß.

Tips für ‚Nesthäkchen'

1. Übernehmen Sie für sich selbst die Verantwortung. Hören Sie auf, den Schwarzen Peter immer anderen zuzuschieben. Sie sind schließlich kein kleines Kind mehr.
2. Viele Letztgeborene sind unordentlich. Lernen Sie, hinter sich aufzuräumen. Ihr Ehepartner wird wahrscheinlich nicht glauben, was er da sieht, und Ihre Mutter wird vielleicht ausrufen: „Daß ich das noch erleben durfte ..."
3. Überdenken Sie Ihre momentane berufliche Situation. Hat ihre Arbeit mit Menschen zu tun? Mit großer Wahrscheinlichkeit sind Sie ein personenorientierter Mensch, und in diesem Bereich werden Sie auch die größten Möglichkeiten und die stärkste Befriedigung für sich finden. Möglicherweise sollten Sie eine Veränderung Ihres Arbeitsgebietes oder Ihres Arbeitsverhältnisses in Betracht ziehen, selbst wenn damit finanzielle Einbußen verbunden sind.
4. Obwohl jüngste Kinder meist selbstlose Menschen sind, haben sie doch auch mit Egozentrik zu kämpfen. Bieten Sie anderen Ihre Hilfe an, und halten Sie das einmal Angefangene auch durch. Aber hängen Sie es nicht an die große Glocke.
5. Hüten Sie sich davor, sich zu unabhängig zu machen. Arbeiten Sie daran, Ihre Schwächen und Fehler zuzugeben. Schieben Sie anderen nicht die Schuld für Ihre Situation zu, wenn ganz klar ersichtlich ist, daß Sie sie selbst herbeigeführt haben.
6. Vernachlässigen Sie nicht Ihre Gaben, lustig und charmant zu sein. Wenn Sie diese Talente richtig und redlich einsetzen, haben Sie in jeder Situation noch einen Trumpf in der Hinterhand. Achten Sie jedoch darauf, nicht alles nur der Streicheleinheiten wegen zu tun und immer zu fragen: „Was springt für mich dabei heraus?"
7. Bedenken Sie, daß auch andere Menschen gern hin und wieder im Rampenlicht stehen würden. Fragen Sie in einem Gespräch mit anderen Menschen nach deren Vorstellungen, Empfindungen und Gedanken.

8. Wenn Sie noch unverheiratet sind, versuchen Sie, mit Erstgeborenen Kontakt zu knüpfen. Die können sich für Sie als die Verträglichsten erweisen. Wenn Sie schon verheiratet sind – ganz gleich aus welcher Geschwister-Position Ihr Partner auch kommen mag – denken Sie daran, daß Ihre Frau nicht Ihre Mutter oder Ihr Mann nicht Ihr Vater ist.

Vierter Teil

Geschwisterkonstellationen und Ehe

Auf keine zwischenmenschliche Beziehung übt die Geschwisterkonstellation einen so grundlegenden Einfluß aus wie auf die Ehe. Manche Kombinationen ergänzen sich hervorragend, andere dagegen führen ins Chaos. Die beiden folgenden Kapitel handeln davon:

- warum zwei Erstgeborene als Streithähne enden können;
- warum zwei Perfektionisten selten eine perfekte Ehe führen;
- wo das Geheimnis einer glücklichen Ehe verborgen liegt;
- warum die Diplomatie von zwei Mittelkindern nicht immer ausreicht;
- warum Ehefrauen, die alles erdulden, so manchen Ehemann aus dem Haus treiben;
- warum zwei Jüngste den Spaß zu weit treiben können;
- warum eine erstgeborene Frau und ein letztgeborener Mann meist gut miteinander auskommen;
- warum beliebte ‚Lebensgrundsätze' Ehen zerstören können; dazu gehören folgende:
  „Ich gelte nur etwas, wenn ich vollkommen bin."
  „Ich gelte nur etwas, wenn ich Konflikte vermeide."
  „Ich gelte nur etwas, wenn ich beachtet werde."
  „Ich gelte nur etwas, wenn ich alle Fäden
  in der Hand halte."
- wie man jede Ehe zum Besseren wenden kann.

KAPITEL 8

Werden Ehen nicht im Himmel geschlossen?

„Diese Ehe wurde im Himmel geschlossen."

Diesen Satz haben Sie sicher schon einmal gehört. Vielleicht haben Sie ihn sogar auf Ihre eigene Ehe bezogen oder bei der Hochzeit zweier Brautleute gesagt, die so aussahen, als könnte ihnen gar nichts anderes passieren als das Glück, das ein Leben lang anhält.

Ehe ich damit begann, mich der psychologischen Ehe- und Familienberatung zu widmen, glaubte ich auch, daß Ehen im Himmel geschlossen werden könnten. Nun weiß ich: sie werden auf der Erde geschlossen. Daher lautet meine erste Frage an jedes Paar, das zu mir in die Beratung kommt: „Welches ist Ihre Position in der Geschwisterkonstellation?"

Darauf erhalte ich meistens die Antwort: „Ich bin wie er ein erstgeborenes Kind" oder: „Ebenso wie sie bin ich Einzelkind."

Damit will ich nicht den Eindruck erwecken, als würde ich in meiner Beratungsarbeit auf keine mittel- oder letztgeborenen Kinder treffen. Doch in den vielen Jahren, in denen ich Hunderte von Paaren beraten habe, sind es die Kombinationen aus zwei erstgeborenen Partnern oder – noch schlimmer – aus zwei Einzelkindern gewesen, in denen die größte Rivalität herrscht und die am unbeständigsten und deprimierendsten verlaufen.

Wie Ziegenböcke rennen solche Partner – scheinbar naturgegeben – aufeinander los. Ihre Beziehung ist das Gegenteil von dem, was man unter einer guten Ehe versteht: am selben Strang zu ziehen, miteinander zu teilen, nach Einigkeit und Harmonie zu streben. Diese Partner sind sich über alles und jedes uneins.

Schließlich sind Erstgeborene und Einzelkinder von Natur aus perfektionistische Fehlersucher und Pedanten.
Ich erinnere mich an ein Ehepaar, das ich aus meiner Praxis hinauswarf, weil ich des dauernden Zanks und Streits überdrüssig war. Bei jedem ihrer Besuche stritten sie sich. Das fing schon im Wartezimmer an und setzte sich dann in meinem Beratungszimmer fort. Nach etlichen Sitzungen, in denen ich den Schiedsrichter spielte, sagte ich eines Tages: „Die Sitzung heute ist kostenlos. Mir geht es auf die Nerven, wie Sie sich gegenseitig fertigmachen. Gehen Sie nach Hause, und denken Sie mal über sich nach. Wenn Sie dann beide bereit sind, einen neuen Anlauf zu nehmen, um wieder einer gute Ehe zu führen, kommen Sie wieder."
Zugegeben, diese Methode war sehr drastisch, doch mir blieb keine andere Wahl. Alles in allem habe ich sie ungefähr ein halbes Dutzend mal angewendet. Interessant ist, daß ich damit gute Ergebnisse erzielte.
Der Schlüssel, der die ‚Verhakung der Hörner' lösen konnte, lag nämlich in der Entscheidung, das Zusammenstoßen der Köpfe zu vermeiden. Man kann in einer Ehe nicht dauernd aufeinander einschlagen und dann noch erwarten, daß die Ehe Bestand hat. Es ist so, als würde man mit einem Meißel die Grundmauern eines großen Bauwerks bearbeiten. Ein Hieb zeigt keine große Wirkung – es splittert nur etwas Mauerwerk ab. Arbeitet man aber lange genug und mit viel Kraft daran, dann stürzt das Gebäude eines Tages zusammen. Genau das beobachte ich bei vielen Ehepaaren – vor allem bei Verbindungen aus Erstgeborenen und Einzelkindern. Ihre Meißel sind ihre Zungen, und damit brechen sie ständig Mauerstücke aus ihrem Beziehungsgebäude.
In den Antworten, die ich auf die Frage: „Wie hat es angefangen?" erhalte, ist oft von den ‚kleinen Dingen' die Rede. Die sind es schließlich, die den Erstgeborenen verrückt machen: Wäschehaufen, ein unausgeglichenes Bankkonto, falsch zusammengelegte Unterhosen ...
Das Hauptproblem liegt im Perfektionismus. Beide Ehegatten sind auf ihre Art Perfektionisten, doch jeder der beiden ist imstande, ‚unperfekte' Dinge zu tun. Ehemänner, die im Büro Kleinkrämer sind, lassen Badezimmer und Schlafzimmer in tota-

ler Unordnung zurück. Ehefrauen reagieren dann oft so: „Glaubt er, ich wäre seine Mutter?" oder: „Glaubt er, ich wäre sein Dienstmädchen?"
Ich sollte noch hinzufügen, daß dieser „Glaubst du, ich bin deine Mutter?"-Komplex nicht nur auf Ehepaare mit erstgeborenen oder Einzelkinder-Partnern beschränkt ist. Er kommt auch in anderen Geschwisterkonstellationen vor.
Will ich die Hoffnung auf Erfolge bei meiner Eheberatung nicht verlieren, muß ich die Ehegatten dazu bringen, über das, was sie einander antun, gründlich nachzudenken.
„Wer ist der Sieger in dieser Ehe?" frage ich.
Die Eheleute schauen sich an, wenden sich wieder mir zu, und einer von beiden meint: „Nun, naja, eigentlich niemand ..."
„Genau", entgegne ich, und dann gehen wir das Problem gemeinsam an. Der erste Teil des Problems ist ganz offensichtlich: Der Partner stammt aus derselben Geschwister-Position. In meine Praxis kommen mehr deprimierte Perfektionisten als Leute aus irgendeiner anderen Geschwister-Position. Sicherlich sind auch Ehen mit zwei Mittelgeborenen oder zwei Jüngsten als Gatten gegen dieses zerstörerische Element nicht gefeit.
Oberstes Prinzip für eine risikoreiche Ehe ist: Heiraten Sie jemanden aus Ihrer eigenen Geschwister-Position. Hegen Sie allerdings den Wunsch nach einer glücklicher verlaufenden Ehe, dann nehmen Sie lieber jemanden außerhalb Ihrer eigenen Geschwister-Position. Sehen wir uns zunächst also ein paar Beispiele von Ehepaaren an, die Partner aus der eigenen Geschwister-Position gewählt haben.

Die Perfektionisten mit Sexualproblemen

Shirley, eine attraktive achtunddreißigjährige Frau, und Georg, ein einundvierzigjähriger Ingenieur, beide Erstgeborene, suchten mich wegen, wie Georg es nannte, ‚Shirleys Sexualprobleme' auf. Als ältestes von vier Kindern war sie in einer Familie mit einem extrem dominanten Vater aufgewachsen. Shirleys Aussage zufolge hatte ihr Vater ständig versucht, ihr Leben zu

bestimmen. Noch in jungen Jahren hatte sie sich geschworen, ‚nie jemanden wie Vati zu heiraten'.
Natürlich heiratete sie dann doch jemanden wie ‚Vati'. Ich werde oft gefragt, warum sich Menschen so verhalten. Die eine Möglichkeit, Shirleys Verhalten zu erklären, besteht in der Tatsache, daß der dem anderen Geschlecht zugehörende Elternteil den größten Einfluß auf uns ausübt. Bei Shirley hat der dominierende Vater seine Spur hinterlassen. Trotz aller Schwüre, ‚nie einen Mann wie ihn zu heiraten', war sie von einem noch tiefersitzenden Trieb besessen, der ihr einredete: „Ich habe Vati nie zufriedenstellen können; darum muß ich es jetzt mit einem anderen Mann ausprobieren, der so ähnlich wie Vati ist. Dann werde ich es schon schaffen!"
Shirleys Perfektionismus verdammte ihr Vorhaben jedoch zum Scheitern. Mit ihrem Verständnis von Sexualität mußte sich schließlich ein Problem entwickeln. Für sie war Sex – wie alles andere im Leben auch – sorgfältig geplante Pflichterfüllung.
Georg dagegen stellte Ansprüche: Er wollte jeden Tag mit ihr schlafen. Das Ergebnis war, daß Shirley sich verspannte, unfähig wurde, Spaß beim Geschlechtsverkehr zu empfinden, und immer weniger auf Georg reagierte, der, perfektionistisch wie er war, ständig an ihr herummäkelte.
Dieses Gestichel ließ Shirley natürlich noch verspannter und gereizter werden. Georgs Verhalten erinnerte sie ständig an ihren dominanten Vater.
So sah die Sache für Shirley und Georg, als sie in meine Beratung kamen, ziemlich düster aus. Der einzige Hoffnungsfunken war, daß beide die Ehe retten wollten. Solche Ratsuchenden machen mir immer großen Mut. Wir leben in einer Zeit, in der es als normal gilt, ‚alles hinzuschmeißen, wenn es nicht gleich klappt, und es noch einmal zu versuchen'. Bei einer Eheberatung ist es immer mein Ziel, die Ehe zu retten. Haben sich zwei Menschen vor Gott versprochen: „Ja, ich will, in guten wie in schlechten Zeiten", dann sollten sie auch alles daransetzen, zusammenzubleiben.
Hier hatten wir es also mit dem klassischen Fall zweier erstgeborener Perfektionisten zu tun, die sich gegenseitig die Köpfe einrannten.

Ein erster gemeinsamer Schritt, die ineinanderverhakten Hörner auseinanderzubringen, war die Umsetzung meines Vorschlags, ihr Sexualleben weniger starr zu gestalten. Das bedurfte keiner großen Überredungskünste, denn wegen der Spannungen hatten sie ihre geschlechtlichen Aktivitäten auf ,nur' viermal die Woche beschränkt.
Allerdings gab ich ihnen noch einige Hausaufgaben mit. Die erste Aufgabe für Shirley lautete: „Gestehen Sie sich Ihren Hang zum Perfektionismus ein." Diese simple Übung bewirkte, daß sie sich der Forderungen, die sie sowohl an sich selbst als auch an andere stellte, viel stärker bewußt wurde.
Eine weitere Aufgabe für Shirley war: „Hüten Sie sich vor zu hohen Erwartungen." Sie sollte in ihrem Leben einfach ein bißchen kürzer treten. Indem sie ihre Erwartungen an sich und andere nicht so hoch ansetzte, würde es ihr leichter fallen, Nachsicht mit sich selbst zu üben, wenn ihr etwas danebenging. Mußte sie dabei noch jemanden um Verzeihung bitten – umso besser. In kleinen Schritten fing sie damit bei Georg an, sehr zu dessen Überraschung und Freude.
Die dritte Aufgabe für Shirley lautete: „Lernen Sie, ,nein' zu sagen." Sie mußte damit anfangen, Dinge abzulehnen, die sie nicht tun wollte. In ihrer Kirchengemeinde beispielsweise war sie bekannt dafür, ,jemand zu sein, auf dessen Hilfe man immer zählen konnte'. So war es nur zu natürlich, daß sie doppelte Arbeiten übernahm und sich außer ihren eigenen auch noch die Arbeitslasten anderer Menschen auflud.
Wie vorherzusehen, nahm die Beziehung zwischen Shirley und Georg eine radikale Wendung, ganz besonders im Bett. Sie schliefen zwar nun weniger häufig miteinander, hatten dafür aber mehr Spaß dabei! Ein weiteres Problem für Shirley war das Bild des dominierenden Ehemannes, das sie sich von Georg gemacht hatte. Ich ermunterte sie dazu, ein bestimmtes Maß an Eigeninitiative beim Sex zu entwickeln, anstatt Georg gegenüber die passive Rolle zu spielen. Ich regte weiterhin an, daß sie Georg einmal von seiner Arbeitsstelle ,kidnappen' und ihn in ein Hotel oder für ein „Liebes-Wochenende" entführen sollte. Als echte Perfektionistin warf sie sich voller Begeisterung in diese neuen Aufgaben ...

Obwohl beide, Shirley und Georg, Probleme hatten, hielt doch Shirley den Schlüssel in der Hand, um die Ehe wieder ins Gleis zu bringen. Sobald sie angefangen hatte, sich mit ihrem Perfektionismus positiv auseinanderzusetzen, gelang es ihr wieder, Prioritäten zu setzen. Da sie nun in der Lage war, ihre Erwartungen und Zielsetzungen selber zu steuern, veränderte sich das Bild zusehends.

Sylvia + Mark = Schweigen

Auch Mittelkinder werden sich vor viele Probleme gestellt sehen, wenn sie einander heiraten. Wie wir gesehen haben, schlägt das mittlere Kind in eine Richtung, die von den Stärken und Schwächen des Erstgeborenen bestimmt wird. Ein grundlegender Wesenszug fast aller Mittelkinder ist die Fähigkeit, zu verhandeln und Kompromisse zu schließen. Das klingt nach einer wertvollen Begabung, die sie da mit in die Ehe bringen – nur einigen sich zwei Mittelkinder sehr häufig auf einen Frieden um jeden Preis. Sie entwickeln sich zu ‚Vermeidern'. Zunächst vermeiden sie Konflikte und irgendwann meiden sie dann sich selbst. Mittelkinder wollen keine Wellen schlagen. Das kann zu einer ‚stillen Oberfläche' führen, unter der sich die schlimmsten Orkane zusammenbrauen, weil zwischen den Ehepartnern keine Kommunikation (mehr) stattfindet.
Bei Sylvia, einer zweiunddreißigjährigen Frau, die drittgeborene Tochter in einer Familie mit fünf Kindern, war das so. Zwei Schwestern vor ihr und zwei jüngere Brüder sorgten dafür, daß sie in ihrer Kindheit und Jugend irgendwo in der Mitte unterging. Sie wuchs zu einem schüchternen und passiven Mädchen heran, einer Konfliktvermeiderin, die die Zuneigung ihrer Eltern dadurch gewinnen wollte, daß sie sich viel um ihre kleineren Brüder kümmerte, während die Mutter arbeitete.
Mark war neunundzwanzig und zweites von drei Kindern. Sein älterer Bruder, in jeder Hinsicht der Beste, und seine kleine Schwester, die typische ‚Prinzessin', gaben Mark das Gefühl, niemals genug beachtet worden zu sein. Er wandte sich bereits früh von seiner Familie ab, um außerhalb des Elternhauses seine eigene Welt aufzubauen – wiederum ein typisches Charakter-

merkmal des Mittelkindes. Sylvia, seine erste große Liebe, gehörte zu diesem Freundeskreis. Er heiratete sie kurz nach seinem Schulabschluß. Im achten Jahr nach ihrer Eheschließung hatten sie zwei Kinder, das eine sieben, das andere vier Jahre alt. Sylvia bat mich um ein Beratungsgespräch. Sie tat es auf dringendes Anraten einer ihrer älteren Schwestern. Die war es nämlich leid, sich ständig Sylvias Klagen anzuhören, daß sie sich mit den zwei kleinen Kindern eingesperrt vorkomme und mit ihrem Mann nicht mehr reden könne. Außerdem beunruhigte sie der Gedanke, ihr Mann könne eine andere Frau haben. Mark hatte in den vergangenen Monaten ständig beteuert, er müsse Überstunden machen.

Zunächst sprach ich allein mit Sylvia, danach mit Mark. Wie sich herausstellte, war keine andere Frau im Spiel. Mark war schon mit einer Frau völlig ausgelastet, vor allem mit einer, die „ständig versucht, mich zu gängeln". Sylvia ging mit Mark immer noch so um, wie sie es mit ihren beiden jüngeren Brüdern getan hatte. Ständig glaubte sie ihm sagen zu müssen, was er zu tun hätte, und das ärgerte Mark – auch wenn es von einer so lieben, schüchternen Frau wie Sylvia kam. Sylvia war von Marks Verhalten natürlich verblüfft, und sie konnte sich überhaupt nicht erklären, was er so lange zu arbeiten hatte. So vermutete sie, daß eine andere Frau im Spiel sei. Mark erklärte es mit dem Gefühl von Unbehaglichkeit – als typisches Mittelkind wollte er keine Wellen schlagen. Er wollte Konflikten aus dem Weg gehen und wählte die einfachste Lösung: „Tut mir leid, aber ich muß heute abend noch länger arbeiten."

Die Kommunikation zwischen den beiden war auf dem Nullpunkt angelangt, als Sylvia sich hilfesuchend an mich wandte. Sie besserte sich zusehends, nachdem sie sich gelobt hatten, mehr Zeit für das Gespräch miteinander aufzubringen. Daß Mark sie nun an seinen Gefühlen teilhaben ließ, half Sylvia beträchtlich, denn seine Schweigsamkeit hatte ihr großen Kummer bereitet. Mark wagte es jetzt, Sylvia seine wahren Gefühle zu offenbaren, ohne befürchten zu müssen, von ihr abgewiesen zu werden.

Auf der einen Seite schätzte Sylvia die Gespräche mit Mark sehr, gestand aber andererseits ein, daß es schwierig für sie war, ihre

Gedanken in Worte zu fassen. Ich regte an, ihre Gespräche durch kleine schriftliche ,Botschaften' zu ergänzen, die sie ihrem Mann hin und wieder zusteckte. Mark mußte des öfteren auf Geschäftsreisen gehen. Sylvia legte ihm dann kleine Zettel in den Koffer. Diese Liebesbeweise und kleinen Aufmunterungen, die er beim Auspacken im Hotel zwischen seinen Hemden fand, machten ihm das Reisen um vieles leichter.
Ich gebe Eheleuten – vor allem den Ehefrauen – häufiger diesen Rat, kleine ,Briefchen' zu verfassen oder Postkarten zu schicken. Das Ergebnis kann für eine Ehe von unermeßlichem Wert sein.

Peter und Maria: zuletzt geboren, zuerst verschuldet

Nesthäkchen kann ebenfalls nicht ohne weiteres empfohlen werden, einen Partner aus ihrer eigenen Geburtenfolge zu heiraten. Beim Flirten werden sie zwar viel Spaß miteinander haben, weil ihnen eine ,Was-kostet-die-Welt'-Natur zu eigen ist. Diese Einstellung wird ihnen aber in der Ehe nicht mehr viel Freude bereiten. Wenn nicht einer der beiden Partner die Verantwortung für das ,Unternehmen Ehe' übernimmt, können sich zwei Letztgeborene ganz schnell in finanziellen Nöten wiederfinden. Als die beiden Nesthäkchen Maria und Peter mich aufsuchten, befanden sie sich tatsächlich in ernsthaften Geldschwierigkeiten. Sie waren beide Anfang Dreißig, Kinder hatten sie keine. Obwohl Peter ein gutes Gehalt nach Hause brachte, waren sie hoffnungslos verschuldet. Jedes Kreditkartenkonto war über den Höchstbetrag hinaus überzogen, mehrere Kaufhausrechnungen waren überfällig und Auto und Motorboot standen kurz vor der Pfändung. Der einzige Grund, warum sie nicht auch mit den Tilgungsraten für ein Haus in Verzug geraten waren, lag darin, daß sie zur Miete wohnten. Und der einzige Grund, warum sie mit der Miete noch nicht hinterherhingen, lag in der Person des Vermieters. Der verstand nämlich keinen Spaß und drohte unverzügliche Maßnahmen zur Zwangsräumung an, wenn die Miete nur einen Tag nach der ,Zehn-Tage-Frist' eingezahlt wurde.

Dieses finanzielle Chaos mußte zwangsläufig zum Ehestreit führen. Weder Peter noch Maria waren in ihrer Kindheit sehr verwöhnt worden. Als sie nun aber in ihrer Ehe eigenständig wurden, beschlossen sie, nach dem Lustprinzip zu leben. Wenn sie etwas sahen, das ihnen gefiel, dann kauften sie es (sie bezahlten es mit ihrer Kreditkarte). Sie warfen sich gegenseitig vor, genußsüchtig zu sein, und ironischerweise hatten sie beide Übergewicht.

Als erstes brachte ich Maria und Peter mit einem Schuldenberater zusammen. Der zwang sie förmlich dazu, einen Haushaltsplan aufzustellen. Sie mußten alle Kredit- und Scheckkarten abgeben. Dann nahm der Schuldenberater Kontakt mit den Gläubigern auf und vereinbarte für jedes Schuldenkonto eine annehmbare Tilgungsrate. Peter brachte mir die Kreditkarten mit – sie waren alle in kleine Stücke zerschnitten. Das klingt so, als würde man Erwachsene wie Kinder behandeln. Aber nur so bestand Hoffnung für die beiden. Letztgeborene schaffen es einfach nicht, mit einem knapp bemessenen Budget zu leben. Ich kann dieses Problem vollkommen nachempfinden. Ich überlasse es lieber Sande, meiner erstgeborenen Frau, die finanziellen Sachen zu regeln ...

Sobald Maria und Peter wieder ein wenig Ordnung in ihre finanziellen Verhältnisse gebracht hatten, kam der nächste Schritt: ihre Beziehungsprobleme. Die Schulden und das Drängeln der Gläubiger hatten sie auseinandergerissen. Da dieser Druck nun nicht mehr auf ihnen lastete, konnten sie erkennen, daß sie am selben Strang ziehen mußten, statt in entgegengesetzte Richtungen zu laufen.

Maria und Peter suchten mich nur einige Male auf. Ihr wahres Problem lag im finanziellen Bereich, nicht im ehelichen. Sie liebten sich, und sie hatten fest vor, zusammenzubleiben. Durch die Verpflichtung, mindestens zwei Jahre lang nichts mehr auf Kredit zu kaufen und einige ihrer ‚Spielsachen' – wie etwa das Motorboot – zu verkaufen, waren sie auf dem richtigen Weg zu einer gewissen Stabilität.

Das Beispiel von Peter und Maria ist typisch: Mangel an Ordnung und Standfestigkeit scheint im Naturell der Nesthäkchen begründet zu sein. Wie wir gelesen haben, wächst ein jüngstes

Kind verwöhnt und verhätschelt heran. Das trägt kaum dazu bei, den grundlegenden Umgang mit Geld zu lernen. Andererseits werden Letztgeborene häufig so behandelt, als wären sie immer ein bißchen zu jung, zu klein, zu schwach, zu dumm. In ihnen reift daher die Haltung: „Es fragt sowieso niemand nach mir. Also genieße ich das Leben lieber, solange ich kann!" Nachdem Peter und Maria erkannt hatten, daß sie imstande waren, ihre finanziellen Angelegenheiten zu regeln und das Leben trotzdem zu genießen, hatten sie am Leben miteinander wieder viel mehr Freude.

Welche Geschwisterkonstellationen am besten zueinander passen

Einer der führenden Fachleute auf dem Gebiet der Geburtenfolge ist Walter Toman. In seinem Buch ‚Familienkonstellationen', das inzwischen als Standardwerk gilt, beschreibt er mehr als dreitausend Familien. Bei der Frage, welche Kombinationen der Geschwisterfolge am besten für eine Ehe seien, kommt Toman zu folgenden Ergebnissen:

- der jüngste Bruder von älteren Schwestern mit der ältesten Schwester von jüngeren Brüdern
- die jüngste Schwester von älteren Brüdern und der älteste Bruder von Brüdern

Meine Erfahrungen als Eheberater belegen die Richtigkeit dieser Aussage. Zu einer/einem Jüngsten paßt offenkundig ein(e) Älteste(r) – jemand, der gewissenhaft und selbstsicher genug ist, um das Leben sowohl im Augenblick als auch in der Zukunft zu meistern. In gleichem Maße vermag das am Spaß und Genuß orientierte Naturell eines Letztgeborenen die überaus ernsthafte und gewissenhafte Einstellung des Ältesten ein wenig aufzulokkern. Die vielleicht beste Kombination stellen eine erstgeborene Frau und ein letztgeborener Mann dar. Erstgeborene Frauen sind meist mütterliche Wesen und letztgeborene Männer bedürfen (oft) der ‚Bemutterung'.

Allerdings kann man auch aus dieser Faustregel kein ‚garantiertes Erfolgsrezept' ableiten. Gute Ehen werden gemacht, nicht geboren. Gute Ehen werden von zwei Menschen gemacht, die gemeinsam daran arbeiten, sie gut zu machen, indem sie rücksichtsvoll und liebevoll miteinander umgehen und einander beistehen.

Als die erstgeborene Sande den letztgeborenen Kevin heiratete, war das die klassische Konstellation der Bärenmama, die sich des verspielten Bärenjungen annahm. Sande lernte ziemlich schnell, daß ich nur Erbsen und Mais mochte, keinen Salat, und selbst Steaks waren nicht unbedingt mein Fall.

Da ich mir immer hatte erlauben können, mich überall im Haus meiner Kleidungsstücke zu entledigen und sie einfach zu Boden fallen zu lassen, tat ich das auch weiterhin. Sande lief hinter mir her und sammelte Socken, Hemden und Hosen wieder vom Boden auf.

Das ging die ersten Jahre unserer Ehe ganz gut. Eines Tages, ich war gerade mit meinen Promotionsvorbereitungen beschäftigt, hörte Sande, wie ich lauthals die Vorzüge realitätsnaher Erziehungsmethoden verkündete – zum Beispiel, daß man Kinder für ihre Taten zur Verantwortung ziehen sollte ...

Da dämmerte es ihr.

Ich ahnte bereits etwas, als ich die Kleiderhäufchen noch dort vorfand, wo ich sie zurückgelassen hatte. Bald war die Wohnung voll von verstreut umherliegenden Kleidungsstücken. Schließlich ging es so nicht mehr weiter. Sande und ich führten ein Gespräch von der Art, wie ich es Ehepaaren immer wieder empfehle. Wir tauschten unsere Gefühle und Empfindungen aus. Sande sagte: „Ich möchte deine Frau sein, nicht deine Mutter. Du lernst jetzt, deine Sachen selber aufzuheben und sie dorthin zu schaffen, wo sie hingehören. Außerdem werde ich von jetzt an kochen, was ich möchte, und ich erwarte von dir, daß du es wenigstens einmal probierst. Das solltest du dir und deinen Kindern schuldig sein, wenn du das gute Vorbild sein willst, von dem du immer sprichst."

Kurzum, Sande war im Begriff, mir eine aktive Rolle bei der Übernahme von Verantwortlichkeiten zu übertragen. Sie brachte mir sogar bei, daß es für einen Psychologen mit Doktortitel nichts

Verbotenes ist, Windeln zu wechseln. Erziehung und Elternschaft heißt nicht Frauenarbeit.
So lernte ich also, Papa-Bär statt Baby-Bär zu sein. Die Moral von der Geschichte lautet: Erstgeborene sollten sich von letztgeborenen Ehegatten nicht ausnutzen lassen, und andererseits sollten natürlich Letztgeborene sich nicht zu Opfern machen lassen.

Wie man in seiner Ehe Ordnung schafft

Bei der Überlegung, welche Geschwisterkonstellationen nun für Eheschließungen wohl am erfolgversprechendsten seien, sollten Sie sich immer des Grundgedankens erinnern, den ich in diesem Buch mehrfach wiederhole:
Alle Charakteristiken der einzelnen Geschwisterkonstellationen gelten als Hinweise, nicht als Regeln.
Nur weil ich beobachtet habe, daß in den meisten Fällen die Ältester/Jüngster-Eheverbindung unter einem glücklicheren Stern steht, darf nicht gefolgert werden, daß Ehen aus anderen Kombinationen nicht auch glücklich werden können. Falls Sie einen Partner aus ihrer eigenen Geburten-Position haben, so ist daraus keinesfalls die Entschuldigung abzuleiten: „Die Sache ist hoffnungslos. Ich weiß jetzt, daß Johannes sich nie ändern wird. Unsere Ehe ist zum Scheitern verurteilt."
Viele Leute heiraten jemanden aus der gleichen Geschwisterkonstellation, und ihre Beziehungen sind vollkommen in Ordnung. Sally, meine erstgeborene Schwester, ist ein gutes Beispiel dafür. Sie hat den erstgeborenen Wes geheiratet, einen überpeniblen, perfektionistischen Zahnarzt. Nach allem, was wir in diesem Kapitel gesagt haben, müßten sich Sally und Wes inzwischen die Augen ausgekratzt haben; aber so ist es keineswegs. Sie haben ihre gut funktionierende Ehe auf einem gemeinsamen Glauben, einem Sinn für die richtige Balance und mit viel harter Arbeit aufgebaut. Darüber hinaus haben sie auch noch drei prachtvolle Kinder ...
Die gute Nachricht heißt also: Eine bestimmte Position in der Geschwisterreihe bedeutet niemals ein endgültiges Schicksal. Sie ist allerdings ein Indiz für Schwierigkeiten und Spannungen, auf

die Sie in Ihrem Leben stoßen können, oder die Sie sich selber schaffen. Bei der Beratung eines Ehepaares versuche ich aufzuzeigen, wie sie ihre Ehe erfolgreich gestalten können: sie müssen miteinander reden, sich unterstützen und ermutigen, nicht aufeinander herumhacken und aneinander herumnörgeln. Das Wissen über Geschwisterpositionen und bessere Erkenntnisse über sich selbst sind erste Schritte auf dem Weg, mit Ihrem Ehegatten zurechtzukommen und gemeinsam ein glückliches Leben zu führen.

Ein Quiz für Ehepaare

1. Bin ich kleinlich? Meckere ich an dem herum, was mein Partner anzieht, sagt oder tut? Wie oft kommt das vor?
2. Nehme ich mir Zeit, meinen Partner aufzumuntern und ihn zu ermutigen?
3. Sprechen wir über Probleme? Gibt es eine Zeit ‚nur für uns'?
4. Wann haben wir uns zum letzten Mal ein Wochenende von den Kindern freigenommen?
5. Wann habe ich meinem Partner das letzte Mal ein Kompliment gemacht?
6. Wann habe ich meinem Partner das letzte Mal ganz ohne Anlaß ein Geschenk gemacht, nur um ihm/ihr zu zeigen: „Ich liebe dich"?
7. Da wir von „Ich liebe dich" sprechen: Wann haben Sie diese drei wunderbaren Worte zum letzten Mal zu Ihrem Partner gesagt?
8. Worüber würde sich mein Partner ganz besonders freuen? Habe ich es mir für diese Woche vorgenommen?
4. Halten wir gemeinsam eine Stille Zeit? Oder haben wir uns – wie so viele Ehepaare – dafür entschieden, daß die Sache mit Gott ein alter Hut ist?
10. Nehme ich mir die Zeit, um herauszufinden, was meinen Mann wirklich interessiert? Will ich mich eigentlich mit dem Hobby meines Partners auseinandersetzen?

11. Wann habe ich meinen Partner das letzte Mal aus dem Büro (oder vom Bügelbrett weg) entführt, um mit ihm/ihr die Nacht irgendwo weg von zu Hause zu verbringen?
12. Wann bin ich das letzte Mal früher von der Arbeit heimgekommen, um mich mit den Kindern zu beschäftigen, damit meine Frau einen Schaufensterbummel machen oder mit der Freundin Kaffee trinken konnte?
13. Wann habe ich zum letzten Mal gesagt: „Es tut mir leid. Ich habe mich geirrt. Kannst du mir verzeihen?"

KAPITEL 9

„Ich gelte nur etwas, wenn ...“

Wie Sie diesen Satz zu Ende führen, sagt viel über Sie aus – und Ihre Ehe. Bei Ehepaaren, die in Schwierigkeiten stecken und sich entschließen, es ‚einmal mit einer Beratung zu versuchen‘, forsche ich zunächst nach dem Lebensstil jedes Ehepartners. Mit ‚Lebensstil‘ meine ich nicht das Einkommen, die Wohnverhältnisse oder die Automarke. Ein besserer Ausdruck wäre vielleicht ‚Lebensschablone‘. Diesen Begriff hat Alfred Adler geprägt, als er zu ergründen versuchte, wie Menschen psychologisch ‚funktionieren‘, um bestimmte Ziele zu erreichen. Adler ging davon aus, daß jeder Mensch während seines Reifungsprozesses eine eigene Lebensschablone entwickelt. Dabei wirken verschiedene Einflüsse auf ihn ein. Geburtenfolge ist einer dieser Einflüsse, der Aufbau der Geschlechterrollen, die Anpassung an Lebensumstände und die Strategien zur Konfliktbewältigung einige der anderen.

Adler fand heraus, daß alles Wissen um die persönlichen Umstände eines Menschen und seine typischen Reflexhandlungen auf diese Umstände überhaupt nichts darüber aussagen, was im Seelenleben des Menschen vorgeht. „Aber“, so schrieb Adler, „wenn ich das Ziel eines Menschen erkenne, weiß ich im allgemeinen, was passieren wird.“[1)]

Dieses Ziel bestimmt das, was Adler die ‚Bewegungslinie‘ des Menschen nennt – wie dieser Mensch sich selbst wahrnimmt, und was er mit seinem Leben zu tun gedenkt.[2)]

Um die Sache für unser Thema so einfach wie möglich zu formulieren, können wir sagen: unsere Lebensschablone zeigt uns, wie wir in diese Welt passen. Während wir heranwachsen und bestimmte Ansichten von uns selbst entwickeln, bilden wir auch das aus, was Adler ‚Leitlinien‘ nennt. Diese Leitlinien sind sozusagen das ‚Gedicht‘, das wir auswendig lernen und uns immer wieder vorsagen, um an uns selbst zu glauben. Leitlinien beginnen alle mit: „Ich gelte nur etwas, wenn ich ..." Wie wir diese Zeile vervollständigen, hängt unmittelbar mit unserer Stellung innerhalb der Geschwisterreihe zusammen. Einige der weitverbreitetsten Leitlinien, die ich immer wieder zu hören bekomme, lauten:

„Ich gelte nur etwas, wenn ich perfekt bin."
„Ich gelte nur etwas, wenn ich Konflikte vermeide."
„Ich gelte nur etwas, wenn ich Beachtung finde."
„Ich gelte nur etwas, wenn ich alle Fäden in der Hand halte."

Jede dieser Aussagen ist eine gefährliche Waffe, die eine Ehe zerstören kann. Wir werden gleich sehen, warum.

„Ich gelte nur etwas, wenn ich perfekt bin"

Diese Leitlinie lernen wir schon sehr früh. Ein Beispiel: Eine Vorschulerzieherin drückt der kleinen Janine eine Schere (natürlich mit abgerundeten Spitzen) und einen Bogen hellrotes Bastelpapier in die Hand. Janines Aufgabe ist es, einen schönen runden Kreis auszuschneiden. Sie versinkt in ihrer Arbeit und macht ihre Sache auch ganz gut. Doch plötzlich knüllt sie das Papier zusammen und wirft ihren halbfertigen Kreis auf den Fußboden.

Die Erzieherin fragt sie: „Was ist denn los, Janine?"

„Ich kann das nicht."

„Dann werde ich dir helfen..."

„Nein! Ich mach' es nicht, es ist blöd!"

Die Erzieherin seufzt und fragt sich: Was ist nur in Janine gefahren?

Nun, geben wir der Erzieherin einen Hinweis:

Janine ist das erstgeborene Kind von sehr leistungsorientierten Eltern. Was blieb Janine also übrig, als ihren Eltern nachzueifern! Vor ein paar Tagen hatte Janine zum Beispiel ganz selbständig ihr Bettchen gemacht, und für eine Fünfjährige war ihr das auch sehr gut gelungen. Ihre Mutter kam hinzu, begutachtete das Werk und meinte: „Oh, Janine, Liebling, das hast du ganz toll

gemacht." Und dann ging sie hin und zog hier ein bißchen glatt und dort ein wenig gerade...
Was mußte Janine daraus schließen? Sie hatte den Ansprüchen nicht genügt. Das Bett war nicht ‚perfekt' gemacht.
Kein Wunder also, daß ein nicht ganz perfekter Kreis sie in Verzweiflung gestürzt hatte. Wenn sie es schon nicht richtig machen konnte, dann ließ sie es lieber ganz bleiben!
Was hat nun Janines Vorschul-Erlebnis mit ihrer Ehe zu tun? Eine ganze Menge ...
Janine ist inzwischen verheiratet und geht wie viele Ehefrauen einer Ganztags-Beschäftigung nach. Sie kommt nach einem anstrengenden Arbeitstag nach Hause und ist hungrig und müde. Robert, ihr Ehemann, hatte heute früher Dienstschluß. Allerdings hat er vergessen, das Hähnchen aus der Tiefkühltruhe zu nehmen und den Tisch zu decken. Außerdem quillt das Spülbecken mit schmutzigem Geschirr über. Robert sitzt vor dem Fernseher und schaut sich eine Sportübertragung an.
Das ist eine typische Situation, in der jede berufstätige Frau die Wände hochgehen wird. Bedenkt man allerdings noch, daß Janine eine Perfektionistin ist und alles nach ihrem Plan gehen muß, dann haben wir es hier mit einem Pulverfaß zu tun. Und das explodiert dann auch tatsächlich. Kommt so etwas häufiger vor, wird Robert sich eines Tages fragen, was er eigentlich jemals an Janine gefunden hat.
Janine ist in der Lebensschablone: „Ich gelte nur etwas, wenn ich perfekt bin" gefangen. Auch die Menschen in ihrer Umgebung müssen perfekt sein. Sind sie es nicht, dann geht Janine hoch wie eine Rakete.
Der Perfektionist versucht, seine Maßstäbe der Umwelt (und zunächst natürlich dem Ehepartner) aufzuzwingen. Dann fallen die gemeinen Bemerkungen: „Du erfüllst meine Erwartungen nicht." Oder: „Du bist nicht gut genug." Was da geschieht, ist der Versuch, den anderen zu verändern, und das wird nicht gelingen. Den Partner verändern zu wollen, bedeutet nichts anderes, als die Ehe ‚ans Messer zu liefern'. Sie wissen ja: Der einzige Mensch, den Sie verändern können, sind Sie selbst.
Aber sagen Sie einmal zu einem Perfektionisten: „Sie können Ihren Partner nicht verändern ...". Perfektionisten geben nie-

mals auf – oder zumindest nicht kampflos. Ich versuche immer wieder, dem perfektionistischen Partner zu erklären, daß Perfektionismus kein schlimmer Charakterzug ist, wenn Sie als Qualitätskontrolleur am Fließband stehen und dafür bezahlt werden, mangelhafte Produkte auszusortieren. Aber am Frühstückstisch ist ein perfektionistischer Mängelbericht absolut unangebracht.

Weitere Ratschläge, die ich perfektionistischen Eltern erteile, lauten:

1. Erliegen Sie nicht der Versuchung, sich selbst oder Ihren Mann mit anderen Ehemännern oder -frauen zu vergleichen. Sie sind nicht irgendein anderer Ehemann oder irgendeine andere Ehefrau. Sie sind Sie – und Sie haben genauso das Recht, Sie selbst zu sein, wie es auch Ihr Ehegatte hat.
2. Reden Sie mit sich selbst über Ihre Gefühle und Empfindungen. Ja, ich empfehle Ihnen, mit sich selbst laut zu reden. Wem es schwerfällt, mit anderen zu reden, lernt es vielleicht dadurch, daß er mit sich selbst redet und seinen Gefühlen freien Lauf läßt.
3. Wenn Sie sich ‚Vollkommenheit' zum Ziel gesetzt haben, werden Sie ständig unter einem Gefühl der Leere leiden. Sie werden dieses Ziel nämlich nie erreichen. Sie müssen den Mut aufbringen, sich so zu akzeptieren, wie Sie sind – ein unvollkommener Mensch, der immer noch im Begriff ist, zu lernen, zu wachsen und sich zu verändern.
4. Stellen Sie die Gefühle Ihres Partners an die erste Stelle – noch vor Ihre eigenen. Ich bin mir darüber im klaren, daß das ziemlich altmodisch und überholt klingt. Andere Menschen zuerst zu sehen, d.h. die Goldene Regel anzuwenden, ist trotzdem von zeitloser Weisheit und wird nie aus der Mode kommen.
5. Machen Sie sich klar, daß es Haus- und Büroarbeiten immer geben wird. Aber wie lange haben Sie Ihren Ehepartner oder die Kinder, die so rasch groß werden? Nehmen Sie sich jede Woche Zeit für ein Rendezvous mit Ihrem Partner – zu Hause oder irgendwo anders. Das

muß nicht teuer und exklusiv sein; die Zeit zählt, die Sie sich nehmen, um miteinander zu reden. Ohne diese Zeit füreinander kann Ihre Beziehung sehr schnell leer und steril werden.

„Ich gelte nur etwas, wenn ich Konflikte vermeide"

Genau entgegengesetzt von den Perfektionisten stehen die Menschen, die versuchen, sich jeglicher Kritik zu enthalten. Ihre Lebensphilosophie heißt: „Leben und leben lassen." Frieden um (fast) jeden Preis ist ihr Bekenntnis, und ihre Leitlinie lautet: „Ich gelte nur etwas, wenn ich Konflikte vermeide, keine Wellen schlage und das Boot nicht zum Schaukeln bringe."

Wenn Sie es darauf anlegen, Ihre Ehe zu vergiften, sollten Sie diesen Spruch öfter aufsagen. Er ist fast ebenso wirkungsvoll wie: „Ich gelte nur etwas, wenn ich perfekt bin." Mittelgeborene Kinder sind sehr empfänglich und anfällig dafür. Auch Erstgeborene, die von ihrem Wesen her eher gefallen wollen, sind häufig Opfer dieses Satzes. Der Gefallenwollende ist ein Mensch, der Vater und Mutter niemals gekränkt oder verletzt hat und nun auch seinen Ehegatten nicht kränken oder verletzen will, ebensowenig wie die Nachbarn, den Pfarrer oder den Hund.

Ein Grundsatz, den ich Konfliktvermeidern und Gefallsüchtigen immer wieder nahezubringen versuche, lautet: „Lernen Sie es, Ihre Gefühle in geeigneter Form zu artikulieren" – wobei die Betonung auf ‚geeignet' liegt.

Die Gefallenwollenden und Konfliktvermeider verdrängen ihre Gefühle ganz tief nach innen und zahlen oft einen schrecklichen Preis dafür, körperlich wie auch seelisch.

Kürzlich war ein Mann (Mittelkind, zum zweiten Mal verheiratet) in meiner Beratung. Er war von der unbeschwerten Art, einer der echten Konfliktvermeider. Welchen Typ hat er demzufolge geheiratet? Eine Frau, die ihn wirklich faszinierte und ihm in der Zeit ihres Kennenlernens aufregend und interessant erschien. Doch kaum hatten sie das Kirchenschiff durchschritten und ihr Ehegelöbnis gesprochen, begann sie ihn zu schikanieren.

Für diese Frau, ein Einzelkind, war es die erste Ehe. Ihre Lebensleitlinie, die wir uns später noch näher anschauen werden, lautete: „Ich gelte nur etwas, wenn ich beachtet werde." Wie so vielen einsamen Einzelkindern wurde ihr als Kind ein großes Maß an Aufmerksamkeit zuteil. Sie war es gewohnt, ernstgenommen zu werden. Seine Art, Konflikte zu vermeiden, deutete sie als Mißachtung ihrer Person, und damit war der Streit vorprogrammiert.
Warum heiratet ein mittelgeborener Konfliktvermeider eine so aufbrausende Frau? Eine Erklärung dafür mag sein, daß es ihn reizte, sich mit einem feurigen, temperamentvollen Menschen zusammenzutun, einem Menschen mit Eigenschaften, die seinem Wesen fremd waren.
Ein Hauptzankapfel in besagter Ehe, die noch kein Jahr dauerte, waren die Ex-Frau und der sechzehnjährige Sohn aus dieser Ehe. Bei jeder Kontaktaufnahme mit seiner ersten Frau oder dem Sohn geriet die neue Partnerin in Rage. Der Mann kam zu mir, weil ihm das heftige Magenschmerzen bereitete. Ich fragte ihn danach, welche Gefühle in ihm aufkamen, wenn ihm seine Frau so gereizt entgegentrat, und er antwortete: „Ich habe das Gefühl, vor ihr weglaufen zu müssen."
Ob er das etwas genauer bestimmen könne, fragte ich nach. „Ich werde wütend", meinte er. „Ich habe das Gefühl, daß sie versucht, die Verbindung zwischen mir und meinem Sohn zu kappen. Die Beziehung zwischen mir und ihm dauert immerhin schon sechzehn Jahre, während ich sie alles in allem nur ein Jahr und acht Monate kenne."
„Ein wichtiger Punkt", bemerkte ich. Daraufhin führte ich ein Gespräch mit seiner Frau. Ich gab ihr zu bedenken, wenn sie ihren Mann lieben lernen wollte, sie ihm die Freiheit einräumen müsse, zu seinem Sohn eine Beziehung aufrechtzuerhalten. Wie sich in diesem Gespräch herausstellte, bestanden ihre Hauptbedenken darin, daß ihr Ehemann den Jungen nicht genügend disziplinierte. „Er läßt ihm einfach alles durchgehen", klagte sie.
„Natürlich", entgegnete ich, „er ist sehr nachsichtig mit ihm – und wissen Sie warum? Weil er Auseinandersetzungen vermeiden will. Er ist ein großzügiger Vater, um so etwaigen Konflikten mit seinem Sohn aus dem Wege zu gehen."

Es bedurfte einer Reihe von Sitzungen, um das Verständnis der Frau für das Verhalten ihres Partners zu wecken. Ihr Hauptproblem lag in der Erkenntnis, ihren Mann so akzeptieren zu müssen, wie er war. Sie würde ihn nicht ändern können, und mit ihren Zornesausbrüchen trieb sie ihn höchstens noch tiefer in sein Schneckenhaus zurück.
Ich drängte sie dazu, eine andere Taktik auszuprobieren. Statt die Beziehung zwischen Vater und Sohn zu torpedieren, sollte sie sie unterstützen. Sie war einverstanden und lud den Jungen nun häufiger zu sich nach Hause ein. Eine harmonische Beziehung zwischen der Stiefmutter und dem Sechzehnjährigen war das positive Ergebnis. Und noch erfreulicher: Augenblicklich besserten sich auch ihre ehelichen Probleme, weil sie ihrem Ehemann ‚mehr Raum zum Atmen' gewährte.
Wie dieses Beispiel zeigt, brauchen Konfliktvermeider häufig Unterstützung von außen, um die Kommunikation wieder in Gang zu bringen. Es kommt vor, daß mir vorgeworfen wird, ich würde die Austragung von Konflikten gutheißen. Ganz besonders gläubige Menschen sagen: „Unser Pfarrer predigt ‚Selig sind die Friedensstifter', und Sie erzählen mir ‚Problematisch sind die Friedensstifter'. Was ist denn nun richtig?"
Verstehen Sie mich bitte nicht falsch: Auch ich will keinen Krieg in der Ehe. Frieden zu stiften ist mir um einiges lieber, und meist ist das auch mit mehr Freude verbunden. Aber es gibt Augenblicke, in denen sich einer oder beide Ehegatten mit Verhaltensweisen und Einstellungen, die die Ehe zu zerstören drohen, auseinandersetzen müssen. Der ganze Trick ist nur, den ‚Elementen', die die Konsequenzen nach sich ziehen, den Krieg zu erklären, aber nicht sich gegenseitig.
Die Qualität und die Einigkeit, nach der jede Ehe strebt, wird auf keinen Fall durch Friedenhalten um jeden Preis erreicht. Im Gegenteil: das Nichtaustragen von Konflikten durch Verschweigen ruft noch mehr Konflikte hervor. Daher gebe ich Paaren, die Angst davor haben, Auseinandersetzungen auszutragen, folgende Empfehlungen:

1. Vergessen Sie nie, daß das, was Sie denken und sagen, einzigartig ist. Niemand auf der ganzen Welt ist wie Sie.

2. Fürchten Sie sich vor einem Gespräch, dann reißen Sie sich zusammen und stehen Sie die Situation durch. Zwingen Sie sich dazu, Ihre Meinung zu sagen. Sie werden überrascht sein, wie positiv Ihre Umwelt darauf reagieren wird.
3. Wenn Sie sich zurückziehen und für unfähig erklären, noch ehe Sie einen gesellschaftlichen Kontakt geknüpft oder etwas Neues ausprobiert haben, dann stellen Sie Ihre innere Ampel auf Rot. Es gibt genug Menschen in dieser Welt, die nur darauf lauern, auf Ihnen herumzutrampeln. Das brauchen Sie nun wirklich nicht selbst zu tun.
4. Wenn Sie sich Auseinandersetzungen oder Konfliktsituationen entziehen, dann ist das nicht Ausdruck von Bescheidenheit oder Schüchternheit. Sie verdienen weder Mitgefühl noch Sympathie. Im Gegenteil: wenn Sie nicht bereit sind, Ihre Gedanken oder Gefühle mit anderen zu teilen, so sind Sie egoistisch.
5. Es ist schwer, sich zu ändern. Sie haben Ihr ganzes Leben damit zugebracht, den Weg des geringsten Widerstandes zu gehen. Erwarten Sie nicht, daß Sie über Nacht ein anderer Mensch werden können. Sich neue Charaktereigenschaften anzueigen, braucht vor allem viel Geduld. ‚Zwei Schritte vor, einen zurück' heißt das Spiel.

„Ich gelte nur etwas, wenn ich Beachtung finde"

Nesthäkchen mögen diesen Leitsatz besonders. Sie müssen bei allem ihren Spaß haben und, wenn möglich, andere Menschen manipulieren. Einen Teil meiner eigenen Geschichte habe ich bereits erzählt. Eine kleine Anekdote habe ich mir jedoch noch aufgehoben. Mit ihr möchte ich erläutern, was passieren kann, wenn sich ein letztgeborener Ehemann mit einer (leichtgläubigen) erstgeborenen Frau zusammentut.
Kurz bevor wir getraut werden sollten, erzählte ich Sande, daß es in der Leman-Familie eine Tradition gäbe, die besagte, daß die Braut die Kosten für den Trauschein zu tragen hätte. Ein stark

ausgeprägter Charakterzug bei vielen Ältesten ist die Bereitschaft, anderen Leuten gefällig zu sein. Ganz anders als spätergeborene Kinder ist ein gefälliger Erstgeborener nicht unbedingt in allen Lebensbelangen so bewandert und mit allen Tricks vertraut, mit denen andere ihn/sie zu überlisten trachten. Kurzum, meine liebenswerte Frau ist leicht hereinzulegen.
Nicht überraschend war daher, daß sie es für eine schöne Idee hielt, fünf Dollar für den Trauschein zu berappen. Ich schnappte mir die Fünf-Dollar-Note, legte sie dem Standesbeamten auf den Schreibtisch und erklärte dabei: „Du hast soeben eine Tradition begründet."
Sie lachte. Ich lachte auch. Wir kannten beide unsere augenblickliche Situation. Ich steckte mitten in meiner Hochschulausbildung und war absolut blank. Sie hatte einen Job, ihr gehörte das Auto, sie finanzierte unseren Lebensunterhalt. Das war damals auf harmlose Weise ein Ausdruck unserer verschiedenen Lebensschablonen: Ich hatte meine Beachtung und meinen Spaß, und Sande konnte ihre Rolle als die Gefallenwollende spielen.
Der Lebensgrundsatz „Ich gelte nur etwas, wenn ich Beachtung finde" kann sich aber auch in einen beschwerlichen Lebensstil verkehren. Bei Sven und Stephanie, die nach nur zweijähriger Ehe in meine Beratung kamen, war das so. Sven hatte Stephanie einige Male bei faulen Ausreden erwischt, als es um Beziehungen zu anderen Männern ging. Ein Wochenende, das Stephanie mit einem vier Jahre jüngeren Arbeitskollegen verbrachte, gab dann den entscheidenden Anstoß. Was ich über Stephanies Kindheit erfuhr, bestätigte ihre Lebensschablone: Stephanie war als jüngstes von drei Mädchen besonders von ihrem Vater verwöhnt und verhätschelt worden.
Der wichtigste Punkt allerdings war, daß sich Stephanies Eltern, gerade als sie zehn wurde, scheiden ließen. Durch den Auszug des Vaters fühlte sie sich alleingelassen. Verwirrt und verletzt legte sie sich daraufhin, was Männer anbetraf, eine harte Schale zu.
Die gesamte Schulzeit über sehnte sich Stephanie nach Wärme und männlichem Halt. Als sie nun die Schule beendet hatte und Sven ihren Weg kreuzte, griff sie zu. In vielerlei Hinsicht war

Sven für sie ein guter Fang. Als Mittelkind, gutmütig und entgegenkommend, wollte er nur eines: sie glücklich machen. Er kam aus einem stabilen Elternhaus, in dem Liebe eine große Rolle spielte und Scheidung kein Thema war.
Sven fügte sich hervorragend in die Vaterrolle, die Stephanie so lange vermißt hatte. Doch wenn man heiratet, sollte man die Rolle des Ehemannes oder der Ehefrau übernehmen, nicht die von Vater/Mutter und Kind. Sven beging den Fehler, Stephanie alle Wünsche zu erfüllen. Das trug zu ihrer Untreue bei. Sie hatte einige flüchtige Affären und scheute sich nicht, Sven ins Gesicht zu sagen, sie wäre ihm treu gewesen. Wie so viele Letztgeborene verfügte sie über das Talent, Leute zu manipulieren. Und sie verstand es meisterhaft, die Dinge so hinzubiegen, daß sie plausibel und wahrheitsgetreu klangen.
Selbst in der Zeit unserer Beratung führte sie ihr Promiskuitäts-Spiel fort. Psychologisch betrachtet befand sie sich in einer doppelten Zange. Erstens war sie verletzt und verbittert, weil sie (zu einem ungünstigen Zeitpunkt, an der Schwelle zur Pubertät) von ihrem Vater verlassen worden war. Und zweitens: Während sie sich nach der Liebe eines Mannes sehnte, hatte sie gleichzeitig Angst davor. In Stephanies Geist tobten ständig zwei Sätze: „Ich habe einen so netten Kerl wie Sven nicht verdient", und: „Ich werde mich an meinem Vater rächen, wo ich nur kann."
Sven war mittendrin gefangen und mußte Stephanies Haß auf ihren Vater ausbaden. Auf diese Problematik stoße ich sehr oft. Der Ehemann bezahlt für die Sünden des Vaters seiner Frau, wie auch im umgekehrten Fall die Frau für die Sünden der Mutter ihres Ehemannes büßen kann.
Dieser Geschichte war kein glücklicher Ausgang beschieden. Ganz gleich, welche therapeutischen Maßnahmen wir auch anwendeten, sie konnten Stephanie nicht helfen. Sie blieb ein zwanghafter Lügner, und sie versuchte Sven mit ihren ehebrecherischen Abenteuern zu zerstören. Schließlich fand Sven doch noch den Absprung und ließ sich scheiden.
Der Lebensleitsatz „Ich gelte nur etwas, wenn ich Beachtung finde" klingt ein wenig irreführend, denn schließlich möchte ja jeder beachtet werden. Niemand findet es schön, vom Ehepartner, Freund oder Chef links liegengelassen zu werden. Ich

möchte daher mehr auf die ungesunde Sucht nach Beachtung hinweisen, die Art von Verlangen, die einen Menschen zu der Äußerung treibt: „Ich werde dich dazu bringen, daß du mir Beachtung schenkst."
Im Extremfall kann dieser Drang dazu beitragen, eine Stephanie hervorzubringen, die als verhätscheltes Kind schließlich einen Sven heiratet und dessen Aufmerksamkeit durch ehebrecherische Affären erregt. Die Ironie liegt darin, daß Sven ihr eigentlich eine Menge Beachtung schenkte, nur – ihr war das noch nicht genug.
Stephanies Problem war ein ganz extremes, und bei ihr spielten eine ganze Reihe von Faktoren mit hinein. Aber selbst in einer weniger strengen Auslegung kann der Leitsatz des „Bitte beachte mich" eine Ehe ins Verderben führen.
Dazu folgende Ratschläge:

1. Der Partner, der diese Art von Beachtung benötigt, handelt egoistisch und versucht, den anderen in den Schatten zu stellen oder ihn auszustechen.
2. All die Tricks, um Aufmerksamkeit zu erregen, sind nichts weiter als der ‚Wunsch nach dem Zuckerbrot'. Letztgeborene sind besonders anfällig dafür, weil bei ihnen das Bedürfnis nach Belohnung und Rampenlicht ausgeprägter ist.
3. Um den Menschen zu helfen, die immer nur das Zuckerbrot wollen, sollte man versuchen, sie zu Arbeiten ‚hinter den Kulissen' und zur Geber-Mentalität zu bewegen. Nur so werden die gewohnten Verhaltensweisen durchbrochen.

„Ich gelte nur etwas, wenn ich die Fäden in der Hand halte"

Dies ist ein weiterer Lebensgrundsatz, den ich bei Familienberatungen oft zu hören bekomme. Menschen, die meinen, Macht demonstrieren zu müssen, fühlen sich in ‚Beziehungen auf Abstand' sehr viel wohler. In diesem Kreis sind meist Erstgeborene und Einzelkinder zu finden – die Erfolgreichen, die ‚Schaf-

fertypen'. Betraut man diese Menschen jedoch mit einer Aufgabe, die Vertrautheit mit einem anderen Menschen erfordert – das ‚Sich-wirklich-öffnen' –, geraten sie oft in Schwierigkeiten.
Der ‚Kontrollierer', der stets alles im Griff haben muß, ist ein Mensch, der große Angst davor hat, seinem Ehepartner zu zeigen, wer er wirklich ist, was er wirklich mag und welche Gedanken ihm durch den Kopf gehen. Wovor fürchtet er sich? Hätte er den Mut, darauf zu antworten, würde er sagen: „Ich glaube, du wirst mich zurückweisen, wenn ich dir zeige, wie ich wirklich bin." Wir haben es hier mit einer Grundangst zu tun, die uns allen in gewissem Maße zu eigen ist. Für Menschen aber, die sich ständig in der Gewalt haben müssen, kann sie zu einem großen Problem werden.
Um die Angst vor Intimität und Vertraulichkeit zu verbergen, übt der ‚Kontrollierer' in vielerlei Hinsicht Macht über seinen Partner aus. Gern bedient er sich dabei eines aufbrausenden Temperaments. Bei Ramona, einer sehr selbstbewußten und anspruchsvollen Erstgeborenen, und Gerd, einem entgegenkommenden, gefälligen Erstgeborenen, war das der Fall. Ständig beschimpfte sie ihren Ehemann und schreckte auch vor körperlicher Gewalt nicht zurück. Es war nicht allzu schwer, in Ramonas Verhalten die Art und Weise wiederzuerkennen, in der ihre Mutter mit ihrem Vater umgegangen war.
Ramona war in einer Familie groß geworden, in der sich die Eltern viel stritten (und sogar schlugen). Meistens hatte die Mutter gewonnen. Sie war eine außerordentlich starke, ehrgeizige und materialistisch eingestellte Frau. An allem hatte sie etwas auszusetzen und war im Grunde genommen dabei sehr unglücklich. Der Vater besaß nicht diesen Ehrgeiz und führte das Leben eines Einzelgängers. Daher war es nicht verwunderlich, daß Ramona dieselben Verhaltensweisen entwickelte. Instinktiv suchte sie sich einen Mann, den sie beherrschen konnte. In der Beratung bezeichnete sich Gerd als einen Menschen, „der nach außen zuversichtlich ist, im Innern jedoch zittert". Seinen Vater beschrieb er als einen sehr kalten und herrschsüchtigen Mann, der nur wenig Zeit für ihn hatte.
In einundzwanzig Ehejahren waren Ramona und Gerd sechs Kinder geboren worden. Gerd, der nie den Ansprüchen seines

Vaters genügen konnte, hatte das Gefühl, in seiner eigenen Familie genau dasselbe Problem anzutreffen. Alles, was er unternahm, stieß auf Ramonas Kritik.

Nach wenigen Sitzungen wurde klar, daß Ramona immer noch auf ihren Vater wütend war, weil er ihrer Mutter nie die Stirn geboten hatte. Wir sahen ja bereits, daß einer der Ehegatten zum Sündenbock gemacht werden kann und die Wut zu spüren bekommt, die sein Lebensgefährte für einen Elternteil oder einen anderen Menschen empfindet. Das war auch in dieser Ehe so. Gerd stellte in Ramonas Augen all das dar, was ihr Vater nicht war. Jedesmal, wenn Gerd etwas vorschlug, lehnte Ramona es ab. Dabei wünschte sie sich eigentlich, daß Gerd ihr Paroli böte. Erst dann wäre sie in der Lage gewesen, ihm den Respekt zu zollen, den sie ihrem Vater gegenüber nicht empfand.

Ein Hauptproblem lag für Ramona und Gerd im sexuellen Bereich. Ramona hatte bestimmte Regeln aufgestellt, denen Gerd sich unterordnen mußte: es gab kein Vorspiel, das Zimmer hatte dunkel zu bleiben, und während des Geschlechtsverkehrs durfte nicht geküßt werden. Wenn Ramona ihm schon einmal gestattete, sie zu küssen, durfte es nur ein flüchtiger Hauch auf die Wange sein.

Sexualität hatte bei den beiden also offensichtlich mehr mit Sterilität und Gleichgültigkeit als mit Spontaneität und Lust zu tun. Da Gerd schon als Kind gelernt hatte, niemals seine Gefühle zu offenbaren, kam es zur unvermeidbaren Katastrophe: er wurde impotent. Nicht daß ihm körperlich etwas gefehlt hätte. Aber er brachte seine geballte Wut und Enttäuschung in der einzigen Weise zum Ausdruck, die ihm zur Verfügung stand.

Alles lief auf den klassischen Streit zwischen einer herrschsüchtigen Frau, die meinte, nur etwas zu gelten, wenn alles nach ihrer Pfeife tanzte, und einem erstgeborenen Ehemann hinaus, der davon ausging, daß er nur etwas im Leben galt, wenn er sich Konflikten und kritischer Bewertung entzog. Gerd wünschte sich eine Frau, die auch Freund und Kamerad war, mit der er spontan Spaß haben konnte, ganz besonders im Bett.

Dieses Ehepaar steuerte geradewegs auf den Scheidungsanwalt zu. Also sagte ich Gerd in einer Sitzung: „Eines habe ich über starke und mächtige Leute gelernt: sie respektieren Stärke und

Macht. Sie werden eine völlige Kehrtwendung machen müssen, wenn Sie in irgendeiner Form Fortschritte mit Ihrer Frau erzielen wollen. Sie müssen Ihr Paroli bieten."
Nicht lange darauf stritten sich Gerd und Ramona mal wieder. Diesmal nahm der Streit allerdings ein ganz anderes Ende. Sie waren kurz davor, handgreiflich zu werden, als Gerd den Spieß plötzlich umdrehte. Er forderte Ramona auf, das Haus zu verlassen, und zerrte sie tatsächlich vor die Tür. Dann gab er ihr noch zu verstehen, daß er die Nase jetzt endgültig voll habe!
Ich rate meinen Klienten normalerweise nicht, Gewalt anzuwenden. In diesem speziellen Fall aber tat Gerd genau das, was diese Ehe brauchte. Ramona hatte die ganze Zeit über nur darauf gewartet, daß Gerd die Führungsrolle übernehmen würde. Er sollte Stärke zeigen. Um das zu erreichen, bediente sie sich widerwärtiger Taktiken. Und als er es dann tat, zeigte sie Reaktion.
Ab diesem Zeitpunkt war es möglich, mit den beiden auf einer vernünftigen Basis zu arbeiten. Ihre Probleme verflüchtigten sich nicht über Nacht, aber allmähliche Fortschritte stellten sich ein. Ein wesentlicher Anstoß für diese Fortschritte lag in der Erkenntnis, daß Ramona eigentlich nur die Ehe ihrer Eltern noch einmal durchlebte. Kaum hatte sie auf ihre lächerlichen Steuerungsmechanismen verzichtet, verschwand auch Gerds Impotenz. Das letzte, was ich von den beiden hörte, war, daß sie miteinander geschlafen hatten – und das Licht brannte dabei!
Gewalttätigkeit und verbale Attacken, wie Ramona sie an den Tag legte, sind sicher nicht für alle Menschen typisch, die Kontrolle ausüben müssen. Solche Menschen können ebenso schüchtern, ruhig, verstohlen, lieb und sanft sein. Die Kontrollierer sind nahe Verwandte der Perfektionisten. Doch während die Perfektionisten die ärgsten Feinde ihrer selbst sind, haben die Kontrollierer auch noch andere Leute im Visier.
Hier sind einige Ratschläge, die ich Ehepaaren erteile, die mit den beschriebenen Problemen zu kämpfen haben:

1. Wenn Sie einen Kontrollierer zum Partner haben, dann machen Sie sich klar, daß Sie ihn nicht ändern können. Sie müssen Ihr eigenes Verhalten und Ihre Reaktion auf

seine Attacken ändern. Ermöglichen Sie Ihrem Partner, den Entschluß zu fassen, sich zu ändern.

2. Versuchen Sie, positiv zu sein; weigern Sie sich aber, die Kontroll-Spielchen Ihres Partners mitzuspielen. Weisen Sie jeglichen Kontrollversuch höflich, aber bestimmt zurück. Haben Sie es einmal geschafft, diesen Mechanismus zu brechen, wird Ihr Partner die eigenen Handlungsweisen ändern. Schließlich bringen sie ihm ja nun nichts mehr!
3. Habe ich die Gelegenheit, einen herrschsüchtigen Menschen zu beraten, dann versuche ich, ihm zu zeigen, wie überflüssig und nutzlos es ist, jeden und alles kontrollieren zu wollen. Eine Ehe hat schließlich eine andere Basis: zwei Menschen werden eins, behalten beide das Steuer in der Hand und haben beide die Freiheit, ihr Leben zu gestalten.

Wie lautet Ihr Leitsatz?

Es gibt noch einige weitere Lebensleitsätze neben denen, die wir bereits angesprochen haben. Sechs Variationen der bereits bekannten sind im folgenden aufgeführt. Jedem Leitsatz folgt eine knappe Erklärung und ein Vorschlag, wie man mit ihm umgehen sollte.

„Ich gelte nur etwas, wenn ich etwas leiste."

Das könnte der Lebensgrundsatz eines Perfektionisten sein oder eines Menschen, der Beachtung braucht. Hier hängt es ganz davon ab, was man unter ‚etwas leisten' versteht. Perfektionisten müssen einsehen, daß sie niemals alles selber erledigen können, daß ihr wahrer Wert in ihrem ‚Menschsein' liegt und nicht in dem, was sie leisten. Was die Menschen betrifft, die der Beachtung bedürfen, so vollbringen sie etwas um der Beachtung und des Beifalls willen. Dieses Verhalten ist jedoch sowohl egoistisch wie auch mit Frustrationen verbunden.

„Ich gelte nur etwas, wenn ich gewinne."

Das ist unverkennbar eine Variante des: „Ich gelte nur etwas, wenn ich die Fäden in der Hand halte." Heutzutage wird viel von Erfolg haben und gewinnen geredet. Strebt man allerdings danach, dann setzt man sich ständigen Belastungen und Ärger aus. Gewinnen ist nicht alles – anderen gewinnen zu helfen, das ist viel besser.

„Ich gelte nur etwas, wenn ich leide."

Das ist der Lieblingssatz von Menschen, die unter dem Märtyrer-Komplex leiden. Sie haben das Konfliktvermeiden und Friedenstiften um jeden Preis zu höchster Vollendung gebracht. Ihr größter Lohn besteht in dem bewundernden Ausruf ihrer Mitmenschen: „Ich weiß gar nicht, wie du das alles schaffst!"

„Ich gelte nur etwas, wenn man mich umsorgt."

Dieser anmaßende Ausspruch geht zurück auf das ‚Ich gelte nur etwas, wenn ich Beachtung finde' oder ‚... wenn mir Aufmerksamkeit geschenkt wird'. Es ist ein typischer Leitsatz eines Letztgeborenen, ganz besonders eines weiblichen Nesthäkchens, das gewohnt ist, verwöhnt, umsorgt und von den großen Brüdern beschützt zu werden.

„Ich gelte nur etwas, wenn ich anderen gefalle."

Das ist ein Lieblingssatz des erstgeborenen Perfektionisten, der es Vater und Mutter immer recht machen wollte. Als Ehepartner muß er sich jedoch davor hüten, sein Verhalten zu übertreiben, ganz besonders dann, wenn er/sie mit einem Kontrollierer oder einem Perfektionisten verheiratet ist. Eine Ehe ist auf ‚geben und nehmen' aufgebaut. Wird das Geben immer nur dem einen Partner überlassen, dann fordert das irgendwann seinen Tribut.

„Ich gelte nur etwas, wenn ich Gott diene."

Ich habe oft Christen in meiner Praxis, die ernsthaften Glauben gleichsetzen mit ‚ständig für Gott tätig sein'. Menschen mit der Neigung, sich nur wertvoll zu fühlen, wenn sie Leistungen erbringen oder gefällig sind, können in der Kirchengemeinde sehr schnell ‚verschleißen', weil man ihnen die ganze Arbeit aufhalst!

Fünfter Teil

Geschwisterkonstellationen und Erziehung

Keine Diskussion über das Thema Geschwisterkonstellation wäre vollständig, wenn man Eltern nicht praktische Hilfestellungen für die tägliche Erziehungspraxis vorstellte. Die abschließenden Kapitel dieses Buches beschäftigen sich daher mit folgenden Themen:

- warum man nicht alle Kinder gleich behandeln soll;
- wie man realitätsnahe Erziehung verwirklichen kann;
- wie die Erziehung von Perfektionisten – hauptsächlich von Erstgeborenen und Einzelkindern – aussehen kann;
- welchen Zwängen Zwei-Kinder-Familien unterliegen;
- wie Mittelkindern geholfen werden kann, sich weniger eingezwängt und mehr geliebt zu fühlen;
- wie man die Manipulationen der Nesthäkchen durchschaut.

KAPITEL 10

Realitätsnahe Erziehung ist auf jedes Kind anwendbar

Als Psychologe bin ich versucht zu fragen: „Wie sehr lieben Sie Ihre Kinder?" Da ich aber weiß, wie schwer diese Frage zu beantworten ist, probiere ich es anders herum: „Lieben Sie Ihre Kinder genug, um sie Erziehungsmaßnahmen zu unterwerfen?" Beachten Sie bitte, daß ich Erziehungsmaßnahmen sagte – und nicht Bestrafung. Ich berate jedes Jahr Hunderte von Eltern mit ihren Kindern und spreche in Seminaren zu Tausenden von Lehrern und Erziehern. Eine Frage steht dabei immer an erster Stelle:

> Lieben Sie (Ihre) Kinder so sehr, daß Sie bereit sind,
> sie realitätsnah zu erziehen?

Wenn in den Familien heute etwas fehlt, dann ist es eine Methode, anhand derer Kindern eine beständige, von Liebe getragene Erziehung zuteil wird. Statt dessen kommen Eltern in meine Beratung und stellen mir Fragen wie: „Was kann ich tun, um unseren Richard zu motivieren? Er hat so viele Fähigkeiten, aber ihm ist das ganz gleichgültig."

„Unsere Lisa hat einfach den falschen Umgang. Was können wir tun?"

„Was sollen wir nur mit Willi machen? Er hört einfach nicht mehr auf uns. Und wenn wir ihn ermahnen, gibt er freche Antworten."

Meine Antworten klingen immer sehr ähnlich. Sie laufen darauf hinaus, daß es Augenblicke gibt, in denen man dem Kind klarmachen muß, daß es Verantwortung für sich selbst zu übernehmen und Rechenschaft für seine Handlungsweise abzulegen hat.[1)]

Wie sieht Ihr persönlicher Erziehungsstil aus?

Haben Sie schon einmal Ihren persönlichen Erziehungsstil analysiert? Nach meinen Erkenntnissen finden besonders drei Stile in modernen Familien Anwendung:

1. autoritäre Erziehung
2. freizügige (antiautoritäre) Erziehung
3. autoritative Erziehung

Autoritäre Eltern glauben stets zu wissen, was für ihre Kinder das beste ist. Viele Mütter und Väter meiner Generation wuchsen in autoritären Elternhäusern auf, und wenn auch Sie durch diese Erfahrung geprägt wurden, dann erinnern Sie sich sicher noch sehr deutlich, wie wenig Impulse und Anregungen Sie dabei erhielten. Sie taten, was man von Ihnen verlangte und hielten still. Kamen Sie irgendwelchen Anweisungen nicht nach, spürten Sie die schmerzlichen Konsequenzen.

In Familien, in denen Eltern einen antiautoritären, freizügigen Erziehungsstil pflegen, begegnen wir dem Kind, dem fast alles gestattet ist: „Na, Simon, willst du jetzt ins Bett oder möchtest du lieber noch aufbleiben und mit uns den Spätfilm anschauen?"

Antiautoritäre Eltern haben eine interessante Logik entwickelt. Sie lautet: „Wenn ich den kleinen Peter machen lasse, was er will, wird er mich lieben und sich immer wie ein lieber Junge verhalten."

Leider ist genau das Gegenteil richtig. Diese Art von Erziehung bringt kleine Tyrannen hervor, die das Regiment im Haus an sich reißen. Sie führt sogar dazu, daß Kinder ihre Eltern hassen, weil sie keine Grenzen spüren und nicht ‚geführt' werden.

In vielen Familien gibt es noch ein weiteres Problem: Unbeständigkeit. Viele Eltern haben sich angewöhnt, bis zu einem gewissen Punkt freizügig zu sein. Dann, einem natürlichen Instinkt folgend, verlieren sie die Geduld. Sie greifen mit aller Macht – und sehr autoritär – durch. Die betroffenen Kinder wissen nun gar nicht mehr, was sie zu erwarten haben.

Auf der anderen Seite lernen Kinder, wie weit sie es mit Vater und Mutter treiben können. Sie lernen, welche Lautstärke Mutters Stimme erreichen kann, bevor es wirklich gefährlich wird.

Unbeständigkeit in der Erziehung ist also eine gute Methode, ein Jojo großzuziehen.
Es gibt allerdings noch eine dritte Möglichkeit, von der ich glaube, daß sie sich als ideal erweisen wird: die autoritative Erziehung. Unglücklicherweise klingt autoritativ so ähnlich wie autoritär, und man gerät daher in die Gefahr, sie miteinander zu verwechseln. Zwischen beiden Begriffen besteht jedoch ein himmelweiter Unterschied. Autoritative Eltern beherrschen ihre Kinder nicht, noch nehmen sie ihnen alle Entscheidungen ab. Sie lassen sich auch ganz gewiß nicht von ihren Kindern beherrschen. Statt dessen machen sich autoritative Eltern die Prinzipien der realitätsnahen Erziehung zunutze, mit deren Hilfe sie ihre Kinder in Liebe führen und korrigieren.

Wie ‚funktioniert' autoritative Erziehung?

Ein Beispiel: Ein Siebenjähriger zerbricht das Spielzeug eines anderen Kindes. Wie sollten die Eltern nun reagieren? Eine auf der Hand liegende Reaktion wäre eine kräftige Ohrfeige oder ein heftiger Klaps auf den Po. Eine weitere verständliche Maßnahme wäre gewesen, das Kind in sein Zimmer zu schicken oder ihm eine Woche Hausarrest zu verordnen. Keine der erwähnten Maßnahmen ist nach meinem Dafürhalten tatsächlich geeignet. Vielmehr ist in diesem Falle eine Disziplinierungsmaßnahme erforderlich, die der Realität entspricht: Wenn du das Eigentum eines anderen zerbrichst, mußt du dafür bezahlen.
Wie aber kann ein siebenjähriges Kind für ein Spielzeug bezahlen? Von seinem Taschengeld oder aus seiner Spardose. Die Sache mit dem Taschengeld ist übrigens eine der besten Methoden, mit deren Hilfe Eltern realitätsnahe Erziehung ausüben können. Es ist geradezu erstaunlich, in welch jungen Jahren Kinder bereits zu Finanzexperten werden können. Muß es für die Folgen seiner Handlungsweise aus der eigenen Tasche aufkommen, lernt schon ein kleines Kind sehr schnell, über das, was es tut und warum es das tut, nachzudenken.[2)]
Die realitätsnahe Erziehung hat aber noch weitere Vorzüge:

1. Sie beinhaltet das beste mir bekannte System, das Schwanken zwischen autoritärem Gebaren und Freizü-

gigkeit zu vermeiden. Die meisten Eltern erkennen instinktiv, daß sie sich autoritativ verhalten sollten – die Zügel in der Hand halten, aber dennoch besonnen und gerecht zu sein.

2. Eltern legen es nicht auf Bestrafung an. Sie sind vielmehr bestrebt, zu erziehen und zu lehren. Auf lange Sicht gesehen ist Erziehung wirkungsvoller als Bestrafung.
3. Verfechter der realitätsnahen Erziehung bieten lieber Führung an, als daß sie sich der Gewalt bedienen; doch sind sie so handlungsorientiert, daß sie nie damit zufrieden sind, es nur bei Worten zu belassen. Wenn durch ‚Bestrafung' Schmerz verursacht oder irgendeine andere Konsequenz hervorgerufen wird, dann ist es nicht der Erziehende, der es tut oder verursacht – das besorgt die Realität. Ihr Kind erfährt, wie die wirkliche Welt funktioniert.
4. Verfechter der realitätsnahen Erziehung machen ihre Kinder für deren Handlungsweisen verantwortlich, um den Kindern zu helfen, aus Erfahrung zu lernen. Diese Erfahrung kann Erfolg wie auch Mißerfolg bedeuten.
5. Vor allen Dingen: realitätsnahe Erziehung bewahrt Sie davor, sich zu Über-Eltern zu entwickeln. Über-Eltern sind machtvolle Vorbilder, die ihre Kinder so beeinflussen, daß sie es nicht wagen, Fehler zu machen.

Und noch eines: Behandeln Sie Ihre Kinder niemals alle gleich. Jedes Kind ist anders. Sie müssen bei jedem Kind seine Geschwisterposition berücksichtigen und dafür Verständnis aufbringen. Wenn Sie sich die realitätsnahe Erziehung zunutze machen und jedes Kind seinen spezifischen Bedürfnissen gemäß behandeln, ist das der sicherste Weg, um absolut gerecht vorzugehen!

Werden Sie der beste Freund Ihres Kindes

Bevor wir uns mit den Erziehungsproblemen beschäftigen, die aus den verschiedenen Geschwisterpositionen entstehen, möchte ich Ihnen noch einige Tips geben, wie man Kinder dazu bringen kann, Verantwortung zu übernehmen. Es sind die neun Möglichkeiten, zum besten Freund Ihrer Kinder zu werden.

1. Die Erziehungsmaßnahme sollte stets angemessen sein. Beispiel: Das Kind hat sein Taschengeld für einen Zweck verwendet, den Sie nicht gut finden. Braucht es nun bereits am Dienstag einen Vorschuß, dann erklären Sie ganz einfach: „Tut mir leid, du mußt mit deinem Taschengeld auskommen. Und wenn du nichts mehr übrig hast, mußt du halt bis Samstag warten."
2. Erzwingen Sie Gehorsam nicht mit Schlägen. Sie wissen ja: Der Stab des Schäfers dient dazu, seine Schafe zu leiten, nicht um ihnen das Fell zu gerben.
3. Wenden Sie Maßnahmen an, die sich an der Handlungsweise des Kindes orientieren.
4. Versuchen Sie, immer konsequent zu sein.
5. Achten Sie auf Ordnung, und betonen Sie, daß es wichtig ist, Ordnung zu halten.
6. Verlangen Sie von Ihrem Kind, für seine Handlungen verantwortlich zu sein.
7. Zeigen Sie dem Kind Ihre Liebe – gleichgültig, wie unverantwortlich sein Verhalten auch gewesen sein mag.
8. Bieten Sie Ihrem Kind Möglichkeiten an, die die Zusammenarbeit und nicht den Konkurrenzdruck fördern.
9. Sollte es einmal nötig sein, Ihrem Kind den Hosenboden strammzuziehen, tun Sie es nur, wenn Sie Ihre Emotionen im Griff haben. Erklären Sie dem Kind, warum die Schläge nötig waren, und vergessen Sie nie die Worte: „Ich habe dich lieb, und ich will das Beste für dich."

KAPITEL 11

Die Erziehung Erstgeborener und Einzelkinder: Auf dem Weg zum Perfektionisten?

Erstgeborene und Einzelkinder haben eine Hauptlast, die sie durchs Leben schleppen:

Perfektionismus

Ich weiß, daß es Väter und Mütter gibt, die mir jetzt widersprechen werden. Sie erzählen mir vielleicht von ihrem Erstgeborenen, Michael, der mit seinen siebzehn Jahren wahrlich keinen Hang zum Perfektionismus zeigt. Ganz im Gegenteil. Sie können sich nicht daran erinnern, daß er im letzten halben Jahr auch nur einmal sein Bett gemacht hätte.

Trotzdem bleibe ich bei meiner Theorie. Eltern von Erstgeborenen und von Einzelkindern sollten sich nämlich immer wieder vor Augen halten, daß sie in den ersten Monaten und Jahren die Vorbilder des Kindes waren. Einem Kind, das jemanden imitiert, der so viel größer und älter ist, drängt sich schon bald der Gedanke auf, daß es ‚vollkommen' zu sein hat.

Bei der Erziehung von Kindern wie Michael haben die Eltern, ohne sich dessen bewußt zu sein, die Anlage zum Perfektionismus gepflanzt. Jetzt, da sie älter sind, scheinen sie sich nicht wie Perfektionisten zu verhalten. Die logische Erklärung aber dafür ist, daß sie deprimierte Perfektionisten sind. Schlampige Menschen gehören häufig zu dieser Kategorie. Sie haben es aufgegeben, sich anzustrengen, weil sie ohnehin immer nur Mißerfolg ernten.

Frank, der deprimierte Zwölfjährige

Eltern sollten sich immer wieder die Frage stellen: „Wie perfektionistisch bin ich selber? Welche Erwartungen und Ansprüche stelle ich an mein Kind?“ Ein leicht beeinflußbares Kind in Verbindung mit perfektionistischen Eltern ergibt eine recht deprimierende Situation. Das war auch bei Frank, dem zwölfjährigen Sohn eines Chirurgen und einer Krankenschwester, nicht anders.

Franks Hauptproblem lag vermeintlich in seinem aufbrausenden Temperament. Er berichtete mir, daß er morgens aufstand und sich einen genauen Plan für den Tag zurechtlegte. Die meisten Zwölfjährigen sind nicht imstande, die nächste Viertelstunde zu planen. Frank jedoch hatte genaue Vorstellungen davon, was er im Tagesverlauf alles erledigen wollte. Er hatte sich das bei seinen Eltern abgeschaut, vor allem bei seinem Vater.

Interessant dabei ist, daß es sich bei Frank gar nicht um einen ‚echten' Erstgeborenen oder ein Einzelkind handelte. Er war das zweite von zwei Kindern, jedoch sieben Jahre nach seinem älteren Bruder geboren. Bei einem solchen Altersunterschied zwischen den Kindern kann sich eine neue ‚Familie' bilden.

Frank hätte sogar leicht als Einzelkind durchgehen können, da er nur schwer mit gleichaltrigen Kindern umgehen konnte. Die anderen Kinder zeigten kein Interesse für Franks ‚Planungs-Listen'. Wenn der Tag nun nicht nach seinen Vorstellungen verlief (und das kam häufiger vor), dann bekam Frank einen richtigen Jähzorn-Anfall. Wenn ihm bei einem Fußballspiel beispielsweise ein Fehler unterlief, stellte er sich selbst vom Platz und verließ das Spielfeld. Er war einfach nicht in der Lage, mit Mißerfolgen umzugehen.

Zu Hause war es ähnlich. Hielt jemand eine Verabredung nicht ein, vergaß anzurufen oder verursachte irgendeine andere ‚Katastrophe', dann warf Frank Sachen durch die Gegend oder bohrte Löcher in die Wände. Einmal nahm er sich in seinem Jähzorn sogar seinen Hund vor...

Frank ärgerte sich sehr über sich selbst. Er litt schrecklich unter seinem Verhalten, aber er war in seinem selbsterbauten Gefängnis des Perfektionismus gefangen.

Zu Beginn meiner Therapiearbeit mit Frank versuchte ich, ihm aufzuzeigen, daß niemand ohne einen Fehler oder einen Mißerfolg durch den Tag kommt. Weil er sich für Fußball interessierte, erklärte ich ihm, daß selbst der beste Torjäger wesentlich häufiger neben das Tor als mitten hinein trifft!
Frank verstand die Anspielung, und auch seinem Vater gab sie zu denken. Schließlich nahm er – Franks großes Vorbild! – sich den Mut, seine eigenen Fehler und Unzulänglichkeiten einzugestehen, die er all die Jahre so geschickt verborgen hatte. Das half Frank sehr, und er machte, was seinen Jähzorn anbelangte, große Fortschritte. In vielerlei Hinsicht blieb Frank ein Perfektionist, doch er erkannte, daß er nicht immer alles in der Hand haben konnte, und daß selbst die durchdachtesten Pläne hin und wieder scheitern würden. Er wurde ein viel glücklicheres Kind, weil er damit aufhörte, immer alles mit Gewalt erreichen zu wollen. Am wichtigsten aber war die Einsicht, daß er nicht vollkommen zu sein brauchte, um die Anerkennung und Liebe seines Vaters zu gewinnen.

Die schwerste Krise, die ein Erstgeborener durchzustehen hat

‚Es mit Gewalt erreichen zu wollen', ist ein typischer Zug von Erstgeborenen. Sie – und Einzelkinder – fassen das Leben sehr schnell als Kampf auf, den es zu gewinnen gilt. In diesem Kapitel werden wir unser Augenmerk auf einige Hilfsmaßnahmen lenken, die Sie anwenden können, um dem erstgeborenen oder einzigen Kind im Kampf gegen den Perfektionismus beizustehen. Wir werden auch einige Dinge vorschlagen, die Sie selber tun können, wenn Sie eine(r) jener Über-Mütter/Über-Väter sind.
Zunächst aber sollten wir über eine Angelegenheit sprechen, die ich als ‚schwerste Krise, die ein Erstgeborener durchzustehen hat', bezeichnen würde. Es handelt sich dabei um das sehr einschneidende Erlebnis der ‚Entthronung', die sich mit der Ankunft eines kleinen Bruders oder einer kleinen Schwester vollzieht.

Erstgeborene stehen relativ lange – gemessen am Zeitbegriff eines Kindes – im Mittelpunkt der Aufmerksamkeit. Ist bis zur Vollendung des dritten Lebensjahres des Kindes kein weiterer Nachwuchs eingetroffen, so sind schon 60 Prozent des Lebensstils des Erstgeborenen ausgebildet. Daraus wird ersichtlich, daß es zu den reizvollsten Aufgaben in der Kindererziehung gehört, den Erstgeborenen auf das Eindringen des zweiten Nachkömmlings vorzubereiten.
Ich rate allen Eltern daher, ihrem Erstgeborenen das neue Baby in die Arme zu legen, es ihn halten, füttern und, wenn möglich, sogar wickeln zu lassen. Sicher wird die Windel etwas merkwürdig aussehen, doch es ist wichtig, das Älteste mit einzubeziehen. Eine weitere empfehlenswerte Methode besteht darin, kurz vor der Ankunft von Nummer Zwei dem Erstgeborenen besonders viel Aufmerksamkeit zu schenken. Konkret könnte das so aussehen:

1. Lassen Sie Ihr Erstgeborenes bestimmte Spielsachen an einen sicheren Platz räumen, ‚damit das Baby nicht an sie herankommt'. Das mag sich für einen Erwachsenen ein wenig töricht anhören, für einen Dreijährigen jedoch klingt das durchaus plausibel.
2. Versichern Sie Ihrem Ältesten, daß Vater und Mutter es nie an Zärtlichkeiten mangeln lassen werden, wenn das zweite Kind da ist. Jeder wird genügend abbekommen.
3. Lassen Sie Ihr Erstgeborenes ein paar Spielzeuge aussuchen, die für das zweite Kind bestimmt sind. Das können neue sein, die es im Laden aussucht oder alte von sich, die es abzugeben bereit ist.

Sobald das zweite Kind aus der Klinik heimgekommen ist, wird es dem Erstgeborenen dämmern, daß das ‚Ding' nicht eine vorübergehende, sondern eine bleibende Einrichtung ist. Jetzt wird es doppelt wichtig, dem Ältesten viel Aufmerksamkeit zu schenken. Besonders bewährt hat es sich, mit dem Kind über all die Dinge zu sprechen, zu denen das Neugeborene noch nicht imstande ist: „...(Name des Neugeborenen) kann noch nicht einmal einen Ball fangen, kann noch nicht laufen, nicht sprechen, kann noch fast gar nichts."

Machen Sie auch deutlich, daß das Baby schon ins Bett muß, während das Ältere noch aufbleiben darf. („Du bist schon drei – du brauchst noch nicht ins Bett. Du darfst noch länger mit Mama und Papa aufbleiben.“)
Entthronung ist keine Angelegenheit, die man so einfach wegsteckt. Das Erstgeborene wird sich trotz aller Erklärungsversuche der Eltern die Frage stellen: „Warum? War ich nicht gut genug?“
Der natürliche Hang des Erstgeborenen zum Egoismus stellt natürlich auch eine Gefahr für die Eltern dar. Mein Rat lautet daher: Lassen Sie sich niemals von Ihrem Ältesten um den Finger wickeln, wenn er sich besondere Vorteile verschaffen will, und lassen Sie sich nicht von ihm dazu verleiten, ihn zu verwöhnen. Realitätsnahe Erziehung hält sich stets an die vorgegebenen Richtlinien und ist darin konsequent. Bestrafen Sie Ihren Erstgeborenen nie für einen Wut- oder einen Heulanfall. Reden Sie lieber mit ihm über die Angelegenheit.

Erster zu sein bedeutet nicht, vollkommen zu sein

Obwohl es sicher zu empfehlen ist, das Ego des entthronten erstgeborenen Kindes zu stützen, indem man ihm erklärt, daß es größer und stärker ist und sich in allem besser auskennt als sein kleines Brüderchen oder Schwesterchen, so vergessen Sie doch nicht, daß Sie es mit einem Perfektionisten zu tun haben. Sehr früh – sogar schon im Verlauf des ersten Lebensjahres – beginnt der Erstgeborene von seinen erwachsenen Vorbildern zu lernen und zu versuchen, so wie sie zu sein. Dazu gehört auch der Wunsch nach Fähigkeiten, die für ein kleines Kind einfach noch unerreichbar sind.
Dieser Wunsch des Erstgeborenen, Vaters und Mutters Fußspuren zu folgen, verstärkt sich noch, wenn Eltern ihre Elternrolle übertreiben. Sie neigen dazu, übermäßig beschützend zu sein und treiben das Kind unbewußt zu immer größeren Leistungen an. Es ist daher kein Wunder, daß Erstgeborene eher sprechen und laufen können als Kinder aus anderen Geschwister-Positionen. Erstgeborene wachsen ebenso wie ihre perfektionistischen Vettern und Kusinen, die Einzelkinder, zu ‚kleinen Erwachse-

nen' heran. Teil des erwachsenen Verhaltens ist eine starke Autoritätshörigkeit, ein Überbleibsel ihres Bestrebens, den beiden Schlüsselpersonen in ihrem Leben – Vater und Mutter – zu gefallen.

Ein Erstgeborener schätzt Macht und Autorität vielleicht deshalb so hoch ein, weil er die leidvolle Erfahrung der Entthronung durchmachen mußte. Im Erwachsenenalter kann dies dazu führen, daß Erstgeborene die Bedeutung von Regeln und Gesetzen übertreiben. Sie glauben, alles sollte nach den Vorschriften gehen, und diese Vorschriften dürften nie geändert oder neu gefaßt werden.

Ein klassisches Beispiel dafür finden wir im biblischen Gleichnis vom verlorenen Sohn. Der jüngere Sohn (allem Anschein nach der Jüngste in der Familie) nahm seinen Erbteil und verließ das Elternhaus, um sich woanders ein schönes Leben zu machen. Der ältere Bruder blieb bei seinem Vater, hütete gehorsam die Schafe und bestellte die Felder. Als der jüngere Sohn sich schließlich besann und nach Hause zurückkehrte, war der Vater darüber so erfreut und dankbar, daß er ein Festmahl vorbereiten ließ. Der ältere Sohn kam am Abend von der Feldarbeit zurück, und als er den ganzen Trubel bemerkte, wurde er zornig. Er konnte einfach nicht begreifen, wie sein jüngerer Bruder alles verpulvern konnte, um dann heimzukommen und ein Festmahl bereitet zu bekommen. Außerdem hatte er jede Menge kostbare Geschenke erhalten. Und er, der Ältere? Er war dageblieben und hatte sich geschunden. Was hatte er für diese Entbehrungen erhalten? Nicht ein einziges Mal hatte sein Vater für ihn ein Fest arrangiert – nicht einmal eine kleine Party.[1)]

Es ist typisch, daß Eltern bei ihren Erstgeborenen strengere Regeln aufstellen, als bei den spätergeborenen Kindern. Beim ersten Kind wollen sie alles richtig machen und ziehen die Zügel deshalb straffer an. Der autoritative Erzieher ist liebevoll und gerecht, aber auch konsequent und unnachgiebig. Er ist der ideale Mittelweg zwischen den beiden Extremen, die einem Kind so viel Schaden zufügen können: autoritärem Verhalten und zu großer Freizügigkeit.

Für Nicole waren Lügen die einfachste Lösung

Ich werde oft gefragt, welcher Erziehungsstil mehr Schaden anrichtet: der autoritäre oder der freizügige. Darauf kann ich beim besten Willen keine Antwort geben. Ich habe in der Praxis leider mit den Auswirkungen von beiden zu tun.

Nicole war vierzehn, als ihre Eltern sie zu mir brachten. Sie war von der Schule geflogen, weil sie den Unterricht geschwänzt hatte. Außerdem nahm sie Drogen. Im Gespräch erzählte mir Nicole, daß ihre Eltern ihr nur sehr wenig Freiheit ließen und sie nahezu jeglicher eigenen Entscheidungsmöglichkeit beraubten. Sie suchten ihr nicht nur die Kleidung aus, sondern schrieben ihr auch vor, wann sie das Haus verlassen durfte und wann sie wieder daheim zu sein hatte. Sie kontrollierten jede Minute ihres Tagesablaufs.

Je mehr die Eltern sie drängten, umso stärker zog Nicole sich zurück und wurde widerspenstig. In einer solch autoritären Umgebung war es für sie ein leichtes, lügen zu lernen. Ein Kind lernt, den Eltern das zu sagen, was diese hören wollen. Ist es einmal soweit gekommen, dann entwickelt das Kind zwei verschiedene Leben. So gab es die Nicole, die bei Vater und Mutter lebte, und die Nicole, die sich mit ihren gleichaltrigen Freunden herumtrieb.

Da Nicoles Leben so kontrolliert verlief, hatte sie nie gelernt, für sich selbst zu denken, als sie unter den Einfluß ihres Freundeskreises geriet. Sie landete schließlich in der Drogen- und Alkoholszene und ließ sich auch mit den Jungen in ihrer Schule ein. Im Verlauf unserer ersten Beratung erfuhr ich von ihr, daß sie sich fest vorgenommen hatte, nach ihrem achtzehnten Geburtstag das Elternhaus zu verlassen, ein Auto zu kaufen und abzuhauen.

Nicole war eine Erstgeborene; sie hatte eine elfjährige Schwester und einen achtjährigen Bruder. Auch Nicole gehörte zu der Kategorie der deprimierten Perfektionisten. Ihre Mutter, eine Über-Perfektionistin, hielt das Haus in tadellosem Zustand. Niemals war etwas von seinem angestammten Platz verrückt. Selbst Nicole hielt ihr Zimmer in einem untadeligen Zustand – ziemlich ungewöhnlich für jemanden, der so rebellisch war wie

sie. Dennoch paßte es zu ihrem ‚Ich-sage-ihnen-was-sie-hören-wollen'-Verhalten, das sie zu Hause an den Tag legte, um ihr wildes Leben im Kreis ihrer Freunde zu verbergen.
Bei Nicoles Mutter war die Erklärung für diesen Perfektionismus zu finden. Sie hatte zu Hause ‚die Hosen an'. Auch der Vater, ein Fernfahrer, hörte auf ihr Kommando.
Es war nicht sehr schwer zu erkennen, warum Nicole in der beschriebenen Weise aufbegehrte (und warum ihr Vater Fernfahrer war). Sechs Wochen lang arbeitete ich mit Nicole und ihren Eltern. Zunächst war kaum ein Erfolg erkennbar, weil weder ihr Vater noch ihre Mutter zuhören wollten. Sie mußten erst dazu gebracht werden, Nicole ausreden zu lassen. Nicole hatte Angst davor, einzugestehen, daß sie einen schlechten Umgang pflegte und Drogen nahm. Sie meinte, daß ihre Eltern sie völlig verstoßen und aus dem Haus werfen würden.
Zum Glück waren ihre Eltern kein hoffnungsloser Fall. Sie hörten zu, und sie lernten. Am Ende der sechswöchigen Therapie bat ich Nicole, die positiven Ergebnisse, die unsere Gespräche erbracht hatten, schriftlich niederzulegen. Dabei kam folgendes heraus:
„Ich glaube, daß Vati und Mutti jetzt bereit sind, mir mehr Freiheit einzuräumen. Sie scheinen begriffen zu haben, daß ich ich bin und nicht sie. Wir werden uns wohl nicht mehr so häufig streiten.
Ich möchte meine Eltern wirklich kennenlernen, wie ich auch möchte, daß sie mich und mein Verhalten begreifen lernen. Für sie wird es nicht einfach sein, mir wieder zu vertrauen, ich weiß, aber ich bin bereit, geduldig zu sein und auf diesen Tag zu warten. Ich habe ihnen eine Menge Kummer bereitet, und ich bin mir darüber im klaren, daß ein Teil dieser Probleme daher kommt, daß ich lügen mußte. Ich hatte immer das Gefühl, lügen zu müssen, weil ich mich, wenn ich ihnen die Wahrheit gesagt hätte, in große Schwierigkeiten gebracht hätte und sie mir nie wieder irgend etwas erlaubt hätten. Daher habe ich mich verpflichtet, ihnen zuzuhören. Gemeinsam ist es uns gelungen, in der Sache weiterzukommen. Vati und Mutti gewähren mir mehr Spielraum. Ich belüge sie nicht mehr und bin ehrlich zu ihnen. Es ist ein gutes Gefühl, ehrlich zu sein."

Nicole kann auch als gutes Beispiel dafür dienen, daß Eltern niemals denken sollten, ihr Erstgeborenes sei kein Perfektionist. Wer aus der Reihe tanzt, sein Zimmer nicht aufräumt und Regeln nicht einhält, mag trotzdem Perfektionist sein, weiß aber mit den Karten, die er vom Leben zugeteilt bekommt, nicht umzugehen.

Perfektionisten brauchen keine ‚Modell'-Eltern

Wenn Psychologen Ratschläge erteilen, hat es oft den Anschein, als hätten sie Modell-Eltern vor Augen, denen niemals Fehler unterlaufen. Sollte ich auch diesen Eindruck erwecken, dann verzeihen Sie mir. Ich glaube ganz im Gegenteil, daß kein Kind, aus welcher Geschwister-Position es auch kommen mag, ‚Modell'-Eltern oder ‚Über-Eltern' braucht. Es gibt in der Tat nur wenige Eltern (wenn überhaupt welche), die nie Fehler machen. Aber es gibt eine große Zahl von Eltern, die sich weigern, Fehler zuzugeben!

Hat Ihr dreijähriger Erstgeborener oder Ihre Dreizehnjährige Sie jemals sagen hören: „Es war meine Schuld. Ich hatte unrecht. Es tut mir leid"? Viele Eltern drohen an diesen Worten zu ersticken, ganz besonders dann, wenn sie selbst Einzelkinder oder erstgeborene Perfektionisten sind.

Sind Sie selbst so etwas wie ein Perfektionist, dann denken Sie daran, daß Ihr Kind eher der Ermutigung bedarf als des Anstachelns. Lernen Sie, Ihr Kind einfach in den Arm zu nehmen, wenn Sie sehen, daß es Probleme hat, und reden Sie ganz ruhig mit ihm: „Was macht dir zu schaffen? Möchtest du, daß ich dir dabei helfe?"

Lernen Sie, flexibel zu sein. Statt Befehle zu erteilen, helfen Sie Ihrem Kind lieber, seine Aufgaben zu erledigen. Bedenken Sie, daß Sie das Vorbild Ihres Erstgeborenen sind. Es hat keinen Bruder oder Schwester, zu dem es aufschauen und an dem es sich orientieren kann. An Ihnen muß es sich ein Beispiel nehmen, und Sie sind sein ehrfurchtgebietendes Vorbild.

Sie sollten daher, wann immer es Ihnen möglich ist, zeigen, daß Sie auch nur ein Mensch sind, daß Sie Verständnis haben, daß Sie nicht vollkommen sind und daß von Fehlern die Welt nicht untergeht. Durch ein solches Verhalten können Sie in beträchtlichem Maße dazu beitragen, daß sich in Ihrem Erstgeborenen/Ihrem Einzelkind der Perfektionist etwas schwächer ausbildet und er sich etwas weniger von Erwartungen und Ansprüchen jagen läßt, die weit über das menschliche Leistungsvermögen hinausgehen.

Tips für die Erziehung von Erstgeborenen

Die folgenden Vorschläge gelten gleichermaßen auch für Einzelkinder.

1. Versuchen Sie, die perfektionistischen Tendenzen Ihres Ältesten nicht noch zu verstärken. Verbessern Sie ihn nicht, wenn er etwas selbständig vorschlägt oder tut.
2. Denken Sie daran, daß Erstgeborene ein besonderes Faible für Regeln und Vorschriften haben. Seien Sie geduldig und nehmen Sie sich die Zeit, die Dinge von ‚A bis Z' zu erläutern.
3. Machen Sie sich die Stellung des Erstgeborenen innerhalb der Familie bewußt. Dem Erstgeborenen gebühren spezielle Privilegien, die mit allen zusätzlichen Verantwortlichkeiten einhergehen sollten.
4. Nehmen Sie sich Zeit, um als Eltern mit dem ältesten Kind allein zu sein. Erstgeborene reagieren auf das Zusammensein mit Erwachsenen positiver als Kinder aus anderen Geschwister-Positionen.
5. Hüten Sie sich davor, Ihre(n) Älteste(n) zu einem ‚allzeit verfügbaren Babysitter' zu machen. Versuchen Sie zumindest, sich mit ihm/ihr abzustimmen, um herauszufinden, ob seine/ihre Pläne für den Tag oder Abend Zeit zum Aufpassen auf die Kleinen zulassen.
6. Achten Sie darauf, daß Sie Ihren heranwachsenden Erstgeborenen nicht mit immer mehr Verantwortlichkeiten überhäufen. Nehmen Sie ihm eher welche ab, und übertragen Sie sie den Jüngeren, sobald diese sie übernehmen können.

7. Wenn Ihre Älteste Ihnen etwas vorliest und dabei an ein Wort stößt, das ihr Schwierigkeiten bereitet, helfen Sie ihr nicht gleich. Erstgeborene sind Kritik und Korrekturen gegenüber außerordentlich empfindlich. Lassen Sie dem Kind Zeit, das Wort selbständig zu artikulieren. Helfen Sie nur dann, wenn es Sie darum bittet.

KAPITEL 12

Die Erziehung in einer Zwei-Kinder-Familie: Koexistenz oder Konflikt?

Wenn das Erziehungsziel bei Erstgeborenen lautet, deprimierte Perfektionisten zu verhindern, so bedeutet die Erziehung von Zweitgeborenen, sich auf Rivalitäten gefaßt zu machen.
Da sich immer mehr Ehepaare für nur zwei Kinder entscheiden, möchte ich die Probleme der Zwei-Kinder-Familie kurz ansprechen, wobei ich mein Augenmerk besonders auf das zweitgeborene Kind richten werde.

Rivalität und Rollentausch

In der Zwei-Kinder-Familie sind Rivalitäten vorgezeichnet, vor allem dann, wenn die Kinder vom selben Geschlecht sind. Kaum ist das zweite Kind geboren, beginnen einige grundlegende Aspekte eine wichtige Rolle zu spielen. Einer dieser Aspekte ist: ‚Zweitgeborene Kinder entwickeln ihre eigene Lebensschablone gemäß der Wahrnehmung, die sie von sich selbst und den Schlüsselpersonen in ihrem Leben gewonnen haben.'
Eine dieser Schlüsselpersonen im Leben des zweitgeborenen Kindes ist zweifellos die ältere Schwester oder der ältere Bruder. Eine weitere Faustregel lautet nämlich: Jedes Kind in der Familie wird am stärksten von dem beeinflußt, der direkt über ihm steht. Bei Erstgeborenen und Einzelkindern sind das die Eltern, beim Zweitgeborenen das Erstgeborene; beim dritten Kind das zweite und so weiter.

Wir sprachen schon über die ‚Entthronung' – jenes traumatische Erlebnis, das jedes Erstgeborene durchmachen muß, wenn Nummer Zwei eintrifft. Die Entthronung bewirkt vor allem, daß er/sie nicht länger der Mittelpunkt im Leben der Eltern ist. Somit ist es zu erklären, daß sich ganz automatisch Rivalitätsgefühle bilden müssen.
Von seiten des Zweitgeborenen besteht der natürliche Drang, sich nach oben zu orientieren, um herauszufinden, was der vor ihm Geborene ‚darstellt'. Instinktiv wird sich das zweitgeborene Kind noch in sehr jungen Jahren entscheiden, ob es die Herausforderung annimmt und mit dem Erstgeborenen in Konkurrenz tritt oder ob es sich in eine total andere Richtung entwickelt und dem Erstgeborenen bestimmte Bereiche als dessen ureigenstes Terrain überläßt. Wenn sich das zweite Kind nun für die Konkurrenzsituation entscheidet und diese auch für sich gewinnt, haben wir es mit einem klassischen ‚Rollentausch' (oder Rollenumkehrung) zu tun. Was die Rollenverteilung in der Familie angeht, so tritt das zweite Kind in allen praktischen Belangen an die Stelle des Erstgeborenen.

Einige Beispiele für den Rollentausch

Zweitgeborene können auf vielerlei Arten in Konkurrenz zu ihrem älteren Bruder oder ihrer älteren Schwester treten. Einige tun das ganz offen, andere verhalten sich etwas geschickter – manchmal auch hinterhältiger –, um ihr Ziel zu erreichen. In dem folgenden Beispiel übernahm eine Zweitgeborene ganz offen die Rolle der Erstgeborenen. Sie hatte ihre guten Gründe dafür ...
Die Eltern, die zu mir in die Praxis kamen, brachten ihre beiden, etwa gleichaltrigen Töchter mit. Die Ältere war von der Schule geflogen, weil sie oft den Unterricht schwänzte. Sie wechselte häufig ihre Arbeitsstelle und geriet (wegen Drogenbesitzes) sogar mit dem Gesetz in Konflikt. Während ihre ältere Schwester viele Dinge verpatzte, brachte die Jüngere alles wieder ins reine. Da ihre Eltern für sie bürgten, verfügte sie schon mit sechzehn Jahren über ein eigenes Girokonto. Sie ging aufs College und hatte sich in ein Marketing-Seminar eingeschrieben. Die Situa-

tion der älteren Schwester verschlimmerte sich noch dadurch, daß sie schwanger wurde und ein uneheliches Kind bekam. Sie lebte zu Hause bei den Eltern, die im gleichen Maße über ihre Älteste betrübt wie stolz auf die Jüngste waren.

Das jüngere Mädchen in unserem Beispiel betrachtete die große Schwester und erkannte, daß sie sich in Richtungen bewegte, die sich nicht auszahlten – sie lag im Dauerstreit mit den Eltern, hatte Schwierigkeiten in der Schule usw. Die Jüngere entwickelte sich daher zu einer guten Schülerin und Studentin. Sie gab ihr Bestes und identifizierte sich ganz offen mit den Werten, die ihre Eltern hochschätzten.

Einen weiteren, sehr bekannten Fall von Rollentausch schildert die Geschichte von Jakob und Esau im Alten Testament. Jakob, der Letztgeborene der Zwillinge, legte ein hinterhältiges, betrügerisches Verhalten an den Tag, was nicht unbedingt als Kennzeichen einer guten Anpassung an das Leben gelten kann.

Manchmal frage ich mich, was Isaak und Rebekka sich wohl dabei dachten, als sie ihren Zwillingen die Namen gaben. Den Erstgeborenen nannten sie Esau, den Zweitgeborenen Jakob, was ‚Verdränger' bedeutet (d. h. sich der Stellung eines anderen bemächtigen).

Esau, der kraftstrotzende, energische ältere Bruder war ein behaarter Macho-Typ, der viel Zeit in der freien Natur verbrachte. Jakob dagegen war häuslich, ein Feinschmecker und Genießer, und natürlich der Liebling der Mutter. Als Esau einmal hungrig von der Jagd nach Hause kam, erkannte Jakob seine Chance. Esau bat Jakob um einen Teller von dem Linseneintopf, den dieser gerade zubereitet hatte. Jakob entschloß sich, Esaus Heißhunger auszunutzen: „Was hältst du von einem Tausch – dein Erstgeburtsrecht gegen einen Teller von dem Linseneintopf?"

Obwohl Esau ein Erstgeborener war, zählten kritische Reflexionen und strategische Überlegungen nicht unbedingt zu seinen Stärken. Darum antwortete er: „Warum nicht? Was nützt mir das Erstgeburtsrecht, wenn ich am Verhungern bin?"

Sicherlich stand er noch nicht kurz vor dem Hungertod. Esau war ganz einfach nur ‚ausgehungert', wie es jeder von uns ist, wenn er schwere körperliche Arbeit im Freien geleistet hat. Jakob erhielt das Erstgeburtsrecht im Tausch gegen einen Teller Linseneintopf. Danach überlistete er auch noch seinen Vater, um den väterlichen Segen zu erschleichen. [1)]

In Zwei-Kinder-Familien haben wir es meist mit einem Erstgeborenen und einem ,Nesthäkchen' zu tun – mit dem gewissenhaften, gründlichen Schaffertyp und dem liebenswerten, gefälligen Charmeur. Ganz besonders trifft diese Kombination dann zu, wenn die beiden Kinder gleichgeschlechtlich sind. Bei einem Jungen und einem Mädchen ist es wahrscheinlicher, daß sich beide wie Erstgeborene entwickeln. Der Grund dafür liegt in den klaren Rollen-Erwartungen, die die Eltern vorgeben.

In einer Zwei-Kinder-Familie, in der beide Kinder männlichen Geschlechts sind, entwickelt sich eine ausgeprägte Rivalität. Man hat festgestellt, daß zwei Brüder keine Schwierigkeiten im Umgang mit Jungen ihres jeweiligen Alters haben, dagegen für den Umgang mit dem anderen Geschlecht aber weniger gut vorbereitet sind. Die Beziehung zwischen der Mutter und ihren beiden Söhnen ist problematisch. An ihr liegt es, ihnen all das beizubringen und vorzuleben, was das Frausein tatsächlich bedeutet.

Die Mutter zweier Jungen sollte sich nie auf Machtproben einlassen oder sich in eine Position hineinmanövrieren lassen, in der die Söhne auf ihr herumtrampeln oder sie respektlos behandeln können. Warum nicht? Weil sie für ihre beiden Söhne nicht nur die Mutter, sondern auch das weibliche Geschlecht als Ganzes verkörpert. Wenn die beiden Söhne die Erfahrung machen, daß sie auf ihr herumtrampeln können, werden sie sich später ihren Frauen gegenüber ähnlich verhalten. Die drastische Zunahme von Fällen, in denen Frauen geschlagen wurden, kommt nicht von ungefähr. Viele dieser Fälle kann man in die Kindheit und Jugend des jeweiligen (Ehe-)Mannes zurückverfolgen und darauf, wie er gelernt hat, sich Frauen gegenüber zu verhalten.

Kommen wir aber auf die beiden Brüder zurück, und betrachten wir zunächst einmal den älteren. Der wird sich im Normalfall mit dem ,Establishment' (Vater und Mutter) identifizieren. Er wird der Bannerträger, der die Werte der Familie hochhält und sie in die Tat umsetzt. Vermutlich nimmt er die Führerposition ein und wird zum ,Polizisten' der Familie, wenn es darum geht, den

jüngeren Bruder bei der Stange zu halten. Der ältere Bruder findet sich auch häufig in der Beschützer-Rolle für den kleinen Bruder wieder.
Dem Älteren gefällt es meist sehr, daß ihm der jüngere Bruder ‚folgt', und so lernt er schon auf diese Weise eine ganze Menge über die praktische Umsetzung von Führungsqualitäten. Das ist auch ein wesentlicher Grund dafür, daß wir im späteren Erwachsenenleben viele Erstgeborene in Führungspositionen finden.
Auf der anderen Seite beobachtet der Jüngere den großen Bruder und entscheidet sich schließlich, welchen Weg er einschlagen will. In der Mehrzahl der Fälle ist daher auch folgender Grundsatz zutreffend:

> ‚Das zweite Kind wird sich zum Gegenteil des Erstgeborenen entwickeln, ganz besonders dann, wenn der Altersunterschied weniger als fünf Jahre beträgt und die beiden Kinder dasselbe Geschlecht haben.'

Besonders bei Kindern, die altersmäßig dicht beieinander sind, werden sich leicht Rivalitäten entwickeln. Beträgt der Altersunterschied dagegen drei oder vier Jahre, wird sich die Rivalität weniger heftig entfalten.
Die Möglichkeit, sich eine klare Führungsposition aufzubauen, ist für den Älteren geringer, wenn beide Brüder kurz nacheinander geboren wurden. Ganz besonders gilt das dann, wenn auch noch wesentliche körperliche Unterschiede hinzukommen. Allein schon durch Vorteile an Körpergröße und -gewicht kann der jüngere Bruder einen Rollentausch erwirken.
Eines der anschaulichsten Beispiele von Rollentausch, mit dem ich je konfrontiert wurde, boten mir der fünfzehnjährige Jim und sein jüngerer Bruder Michael. Der war vierzehn Jahre alt und fast fünfzehn Zentimeter größer als sein ‚großer' Bruder! Immer schon war Michael größer, stärker und auch schneller gewesen. Das alles ließ in Jim das Gefühl aufkommen, daß das Leben mit ihm sehr ungerecht verfahren sei. Und daß seine Eltern ihn zudem noch mit allen möglichen autoritären Vorschriften traktierten, half ihm in keiner Weise. Noch mit fünfzehn Jahren mußte er um neun Uhr im Bett sein. Die Eltern gaben ihm kein Taschengeld, weil er angeblich über ‚kein Verantwortungsgefühl' verfügte. Sie behaupteten, sie könnten ihm nicht vertrauen

und ließen ihm aus dem Grunde keinerlei Freiheit. Jim reagierte darauf, indem er log, stahl und jähzornig war.
Bevor Jim zu mir kam, hatte er zu Hause Löcher in die Wände geschlagen, Fensterscheiben zerbrochen und sich das Auto der Familie ‚ausgeborgt', obwohl er noch zu jung zum Autofahren war. Nachdem ich die ganze Geschichte kannte, empfahl ich den Eltern, die Zügel, an denen sie Jim führten, etwas zu lockern. Die Zubettgehzeit wurde den Bedürfnissen eines Fünfzehnjährigen angepaßt, und ihm wurde Taschengeld gewährt. Dann legte ich Jim nahe, sich nicht ständig mit seinem Bruder zu vergleichen. Als große Hilfe erwies sich dabei Michael, der ein freundlicher, sympathischer Junge war und seinen älteren Bruder im großen und ganzen mochte. Es hatte ihn nicht danach gedrängt, die Rollen zu vertauschen; es war einfach so passiert.

Mit zwei Mädchen ist es auch nicht leichter

In einer Familie mit zwei Töchtern kommt dem Vater eine Schlüsselstellung zu. Als Vater sollten Sie sich bewußt machen, daß die Mädchen um Ihre besondere Aufmerksamkeit wetteifern. Bemühen Sie sich, mit jeder Tochter allein so viel Zeit wie nur möglich zu verbringen. Es wird viel über die Zeit geredet, die man mit der Familie verbringt – jene Gelegenheiten, bei denen die ganze Familie zusammen spielt oder Eis essen geht oder einen Kinobesuch plant. Und obwohl diese gemeinschaftlich verbrachte Zeit überaus positiv zu bewerten ist, so ersetzt sie doch nie jene Gelegenheiten, in denen ein Kind Vater oder Mutter ganz für sich allein haben kann.
Manchmal werde ich von Eltern gefragt, ob es nicht den Egoismus eines Kindes fördert, wenn man sich zu oft mit ihm allein beschäftigt. Meine Antwort ist ein klares ‚Nein'. Im Gegenteil: weit mehr als den Egoismus des Kindes werden Sie seine Selbstachtung und sein Selbstwertgefühl stärken.

Ein Junge für dich, ein Mädchen für mich

Zwischen einem Jungen und einem Mädchen sind Rivalitäten meistens viel weniger ausgeprägt, wenn überhaupt vorhanden. Nehmen wir das Beispiel einer ‚älterer Bruder/jüngere Schwester'-Kombination, in der der Altersunterschied drei Jahre beträgt. Der dreijährige Sebastian hatte eine weniger einschneidende Entthronungsphase durchzustehen, als die kleine Helga zu Hause eintraf. Schon bald wurde ihm klar, daß Helga ein Mädchen war und ihn nicht aus seinem ‚Reich' verdrängen würde.

Es hat den Anschein, als verfügten kleine Jungen wie Sebastian in dieser Beziehung über einen natürlichen Instinkt. Im allgemeinen läuft der Konkurrenzkampf zwischen einem Jungen und seiner jüngeren Schwester relativ undramatisch ab. Zwischen einem erstgeborenen Jungen und seiner zweitgeborenen Schwester können sogar durchaus enge Gefühlsbindungen entstehen. In einer solchen Konstellation entwickelt sich das Mädchen meist zu einem sehr femininen Wesen. Sie hat Vater und Mutter und den großen Bruder, die sie bedienen und für sie da sind. Für den Zeitraum des Heranwachsens der beiden Kinder ist ein ziemlich friedliches Familienleben gewährleistet. Aber im späteren Leben kann sich das für die kleine Schwester verhängnisvoll auswirken, wenn sich nämlich herausstellt, daß sie zu unselbständig ist und von Männern abhängig wird. Die Ehe kann für eine in diesen Umständen aufgewachsene Frau sehr bald desillusionierend sein.

Ist die Schwester die ältere der beiden Geschwister, so haben wir es mit dem typischen Fall eines ‚Jungen mit zwei Müttern' zu tun. Das kann solange gutgehen, bis der kleine Kerl sich bedrängt vorkommt...

Ich erinnere mich an einen fünfzehnjährigen Jungen, der von zu Hause ausriß, weil sich seine Mutter und seine Schwester, wie er sagte, ‚gegen mich verbündeten und mich ständig schikanierten'. Nachdem er sich eine Woche lang bei einem Freund am anderen Ende der Stadt versteckt hatte, kehrte er schließlich nach Hause zurück. Die Familie kam dann zu einer Beratung zu mir, und wie sich herausstellte, begehrte der Junge dagegen auf, daß

seine Mutter ‚die Hosen anhatte' und ihn ebenso wie seinen ruhigen, zurückhaltenden Vater beherrschte. Glücklicherweise erwies die Mutter sich als einsichtig.
Dies ist natürlich ein extremes Beispiel. Viel typischer ist es, daß die ältere Schwester und der jüngere Bruder in viel weniger radikaler Weise ihren jeweiligen Weg beschreiten. Werden sie gleich behandelt und erhalten sie dieselben Chancen, dann entwickeln sie sich beide zu Erstgeborenen – also ein erstgeborenes Mädchen und ein erstgeborener Junge.

„Ich bin nicht wie meine ältere Schwester"

In welcher Konstellation auch immer bietet die Zwei-Kinder-Familie ein außerordentlich ergiebiges Feld zur Erprobung des grundlegenden Erziehungsprinzips: Akzeptiere ihre Verschiedenartigkeit. Natürlich sollten Unterschiede immer akzeptiert und respektiert werden, ganz gleich, wie viele Kinder der Familie angehören. Aber „nur zwei" zu haben, rückt die Herausforderung und den Reiz noch schärfer in den Blickpunkt. Die Eltern müssen jedes Kind gleichermaßen lieben und doch mit jedem anders umgehen. Sie müssen eine Art Ordnung und Konsequenz in der Familie aufrechterhalten und sich dennoch der vorhandenen individuellen Unterschiede bewußt sein.
Ich werde nie vergessen, wie eine junge Frau mir während einer Beratung sagte: „Ich möchte, daß Sie meiner Mutter klarmachen, daß ich nicht wie meine ältere Schwester bin." Die Frau gab damit zu verstehen, daß ihre Mutter ihr ständig in den Ohren lag, die ältere Schwester zum Vorbild zu nehmen. Weil sie das nicht machte, fühlte sie sich nicht akzeptiert.
Wenn es etwas gibt, was wir als Eltern unseren Kindern geben können und müssen, dann ist das die ungeteilte Liebe, die nicht durch Schulnoten, Benehmen und Leistungen oder durch sonst irgend etwas bestimmt wird. Die Herausforderung besteht darin, jedes Kind einfach nur für das zu lieben, was es ist.
Wenn Ihnen das gelingt, dann kann eine Zwei-Kinder-Familie in der Tat zu einem Kinderspiel werden. (Und vergessen Sie nicht die vielen anderen Vorteile einer solchen Familie: alle passen in

ein normales Auto; in Restaurants haben Sie immer einen Tisch für sich, da die meisten Tische sowieso für vier Personen gedacht sind...)

Erziehungs-Tips für die Zwei-Kinder-Familie

Wie bei allen anderen Geschwisterkonstellationen empfehle ich, daß Sie sich die Grundsätze der realitätsbezogenen Erziehung noch einmal vergegenwärtigen. In der Zwei-Kinder-Familie ist es besonders wichtig, auf Konsequenz und Gerechtigkeit zu achten.

1. Gelten für die Kinder unterschiedliche Zubettgehzeiten? Selbst wenn der Unterschied nur eine halbe Stunde beträgt, sollte dieser nachdrücklich durchgesetzt werden. Ihrem Erstgeborenen entgeht das nicht...
2. Sind Verantwortlichkeiten untereinander aufgeteilt und ist das Taschengeld unterschiedlich hoch? Als Regel gilt: Das älteste Kind erhält das meiste Taschengeld und übernimmt die meisten ‚Jobs'. Doch überladen Sie Ihren Ältesten nicht damit, und stellen Sie sicher, daß auch das jüngere Kind seinen Teil übernimmt.
3. Vermeiden Sie es, Vergleiche anzustellen. Das klingt so einfach und ist im Alltag doch so mühevoll zu verwirklichen. Vergegenwärtigen Sie sich die Gefahren, die mit den Worten verbunden sind: „Warum bist du nicht wie dein Bruder (deine Schwester)?" Eine solche Bemerkung richtet nicht nur Unheil an, sie ist auch völlig überflüssig.
4. Halten Sie sich nicht sklavisch daran, für das eine Kind das zu tun, was Sie für das andere getan haben. Jedes Kind individuell zu behandeln kann manchmal bedeuten, daß ein Kind mal „ein bißchen mehr" bekommt als das andere. Das gleicht sich im Endeffekt alles wieder aus.
5. Beschäftigen Sie sich mit jedem Kind allein. Gewähren Sie beiden Kindern möglichst viele Gelegenheiten, in denen sie mit Ihnen allein sind. Wenn Sie keine Zeit dafür

finden, müssen Sie sie schaffen. Einkaufsbummel, sogar Geschäftsreisen – es werden sich Dutzende von Möglichkeiten für diese Vier-Augen-Unternehmungen auftun, wenn Sie nur wirklich wollen.

KAPITEL 13

Die Erziehung des Mittelkindes: Wie man ihm aus der Klemme hilft

Für unser mittleres Kind, Krissy, war es der erste Tag im Kindergarten. Mit einem etwas mulmigen Gefühl setzte meine Frau Sande sie in den Kindergarten-Bus, sprach ein ‚Danke, Herr, daß du sie beschützt'-Gebet und ging ins Haus zurück, wo sie versuchte, sich auf ihre Arbeit zu konzentrieren.

Krissy schien inzwischen eine herrliche Zeit zu verbringen. Um Viertel vor zwölf Uhr mittags hielt der Kindergarten-Bus vor unserer Haustür, und zwei kleine Wichte, die in unserer Nachbarschaft wohnten, stiegen aus. Nicht jedoch Krissy.

Man muß Sande zugute halten, daß sie weitere fünfundzwanzig Minuten wartete, bevor bei ihr die Panik-Sicherung durchflog. Sie dachte, daß bald ein zweiter Bus aufkreuzen würde. Als das nicht geschah, rief sie im Kindergarten an. Man teilte ihr dort mit, daß Krissy den Bus bestiegen hatte, und man konnte sich auch nicht erklären, warum Krissy nicht rechtzeitig ausgestiegen war.

Sande drehte durch. Sie rief alle nur denkbaren Leute an, um zu fragen, ob sie Krissy gesehen hätten. Zwischen ihren Anrufen klingelte das Telefon:

„Hallo, Mama, hier ist Krissy."

„Krissy! Wo steckst du?"

„Ich bin im Haus meiner besten Freundin."

„Schatz, wo bist du? Bei wem bist du?"

Krissy legte den Hörer zur Seite. „Wie heißt du noch?" hörte Sande sie fragen.

Es stellte sich heraus, daß „Wie-heißt-du-noch" Jennifer hieß, ein kleines Mädchen, das Krissy an ihrem allerersten Tag im Kindergarten kennengelernt hatte. Krissy hatte beschlossen, gemeinsam mit Jennifer früher aus dem Bus zu steigen, um ihrer neuen Freundin einen Besuch abzustatten. Ihr war nie eingefallen, daß ihre Mama sich um sie sorgen könnte, wenn sie nicht an unserer Haltestelle aussteigen würde. Sie hatte nicht beabsichtigt, ungehorsam zu sein, sondern war einfach ihrem unbeschwerten Wesen gefolgt.

Krissys unbekümmerte Lebensweise setzte schon viel früher als im Kindergarten-Alter ein. Ich werde nie vergessen, wie die achtzehn Monate alte Krissy im Freibad mit Schwimmflügeln an ihren Oberarmen „schwamm". Das Becken war voll mit älteren Kindern, die ins Wasser sprangen, herumspritzten, Wellen schlugen, und Krissy war mittendrin und freute sich ihres Lebens.

Wie es scheint, ist Krissy mit allem zurechtgekommen – eine sehr unkomplizierte, freundliche Natur. Holly, ihre Schwester, hatte immer eine sehr viel ernsthaftere Sicht vom Leben, wie es für Perfektionisten typisch ist. Holly stieg nie aus dem Kindergarten-Bus aus, bevor er vor ihrer Haustür hielt. Sie kam, was immer auch geschehen mochte, direkt nach Hause. Vorschriften sind schließlich Vorschriften.

Holly lebt heute noch nach dem Schema, nach dem sich alle gewissenhaften Menschen richten. Sie ist ruhig, aufmerksam und nachdenklich, eine unersättliche Leseratte. Krissy ist eher wie ihr Vater. Lesen strengt an. Das Leben draußen dagegen bietet so viel, was es auszuprobieren und zu genießen gilt. Krissy liest lieber in Menschen als in Büchern. Holly hat auch Freunde, doch ihre engsten Freunde sind ihre Bücher.

Kann man Krissy als typisches Mittelkind bezeichnen? Ja – und nein. Wenn Sie sich noch an die Aufstellung der Wesensmerkmale mittlerer Kinder erinnern, wissen Sie, daß sie von Widersprüchlichkeiten durchsetzt war. Beispielsweise sind mittlere Kinder gesellig, freundlich, aus sich herausgehend. Alle drei Charaktereigenschaften treffen auf Krissy zu. Doch eine große Zahl Mittelkinder wird auch als in sich zurückgezogen, ruhig und scheu beschrieben. Viele mittlere Kinder schaffen das Leben mit ihrer unverkrampften Einstellung spielend. Dazu gehört Krissy, meistens jedenfalls. Unter dieser munteren Gemütsschale ruht allerdings ein sehr empfindsamer Kern, der sie

manchmal so störrisch und trotzig reagieren läßt wie ein Packesel in den Wechseljahren.
Es ist ziemlich schwierig, ein Mittelkind richtig einzuschätzen. Erstgeborene und Nesthäkchen – kein Problem. Das mittlere Kind dagegen assimiliert sich etwa so wie eine Wachtel am Wüstenboden.
Die Grundsätze, die auf zweitgeborene Kinder zutreffen, sind normalerweise auch auf Mittelkinder anwendbar. Ihre Lebensschablone klingt dann etwa so:
Ich werde mein Leben nach dem einrichten, was ich direkt über mir vorfinde. Ich unterziehe die Situation einer genauen Prüfung und schlage dann den Weg ein, der mir am geeignetsten erscheint.

„Jeder redet mir in mein Leben hinein!"

Wenn eine Verallgemeinerung bei Mittelkindern überhaupt möglich ist, dann die, daß sie sich eingezwängt und/oder unterdrückt fühlen. Darum sollten sich die Eltern bewußt machen, daß ein mittleres Kind oft das Gefühl hat, als ob „jeder in sein Leben hineinredet".
Schließlich hat es nicht nur ein Autorität ausstrahlendes Elternpaar über sich, sondern auch noch eine ältere Schwester oder einen älteren Bruder. Ist diese/r altersmäßig nicht weit entfernt (zwei bis drei Jahre), dann wird sie/er dem mittleren Kind mit ziemlicher Sicherheit vorschreiben, was es zu tun hat.
Und dann gibt es natürlich auch noch das Baby in der Familie, das Jüngste, das sich alles erlauben darf. Das Mittelkind sitzt in der Falle. Es ist zu jung für die Privilegien, über die sein älterer Bruder oder die ältere Schwester verfügt, und es ist zu alt, um sich die Streiche und Späße erlauben zu dürfen, die das Nesthäkchen oftmals treibt.
Dieser Druck von oben und unten treibt Mittelkinder dazu, sich überflüssig oder unpassend zu fühlen. Sie haben nichts zu sagen und sind machtlos. Jeder andere scheint seine eigenen Entscheidungen zu treffen, während sie nur stillsitzen, zuschauen und folgsam sein „dürfen".

Meine Frau und ich erhielten eine Kostprobe davon, wie empfindlich ein mittleres Kind auf elterliche Entscheidungen reagieren kann. Krissy stellte ihre Mutter eines Tages nämlich wegen eines Theaterspiel-Kurses zur Rede, zu dem Sande sie ein paar Tage zuvor angemeldet hatte. Krissy ist eine sehr sensible Natur. Ihre Lippen wölbten sich vor, und Tränen rannen ihr die Wangen herab, als sie ihrer Mutter vorhielt, wie unfair es von ihr gewesen sei, sie für diesen Kurs einfach anzumelden. Zufällig stieß ich zu dem Gespräch hinzu. Ich fragte: „Aber Krissy, magst du denn kein Theaterspielen?"

„Ich finde es toll!" (Seufzer)

Ich lachte und meinte: „Warum machst du Mama dann Vorwürfe?"

„Ihr denkt vielleicht, es ist lustig, aber ich finde es gar nicht so lustig. Was würdet ihr denn sagen, wenn ich Mami zum Schwimmunterricht anmelden würde?"

Darüber mußte ich erst einmal nachdenken. Dann verstand ich, was Krissy meinte. Sie wollte sich selbst für den Kurs anmelden. Sie brauchte die Hilfe ihrer Mutter nicht dazu!

Die Moral von der Geschicht' lautet daher: Fragen Sie Ihr mittelgeborenes Kind nach seiner Meinung, ganz besonders dann, wenn die Angelegenheit es direkt betrifft.

Noch ein Tip: Zeigen Sie dem Mittelkind, daß es etwas Besonderes ist. Vergessen Sie nicht, wie frustrierend es sein kann, ein „neues" Hemd oder einen „neuen" Pullover zu bekommen und dann entdecken zu müssen, daß es/er schon vier Jahre alt ist! Für ein zweites oder drittes Kind in der Geschwisterreihe zeigt sich das Leben nicht immer von seiner prachtvollsten Seite.

Eine meiner Methoden, Krissy das Gefühl von Besonderheit zu vermitteln, besteht darin, mich an ihrem Geburtstag mit ihr zu verabreden und sie zum Frühstück einzuladen. In unserer Familie nehmen Geburtstage eine ganz hervorragende Stellung ein. Das, was ich mit Krissy unternehme, gilt gleichermaßen für alle Kinder, nur bin ich mir bei ihr ganz besonders darüber im klaren, wie wichtig es gerade für sie ist.

Bieten Sie Ihrem mittleren Kind zahlreiche Gelegenheiten, seine Gefühle und Empfindungen mitzuteilen. Haben Sie zwei Mittelkinder, beispielsweise ein zweit- und ein drittgeborenes zwischen dem ersten und dem letzten Kind, so geben Sie ganz besonders Obacht auf das drittgeborene. Das kann nämlich leicht in dem Gewühl untergehen. Belassen Sie es nicht bei einem gelegentlichen „Wie geht's dir?" Verabreden Sie sich zu einem Spaziergang mit ihm, oder nehmen Sie es zum Einkaufen mit, und reden Sie mit ihm während der Fahrt. (Gespräche im Auto zu führen, ist eine empfehlenswerte Sache – es fällt leichter, über Gefühle zu sprechen, wenn man aus dem Fenster schaut und nicht direkt in Vaters oder Mutters Gesicht.)

Nur wer weggeht, kommt auch wieder

Eltern sind oft erstaunt darüber, daß ihre Mittelkinder ‚kommen und gehen', und sie fragen sich, was an anderer Leute Häuser denn so viel reizvoller ist. In dieser Zeit erwirbt sich das Mittelkind allerdings – ohne sich dessen bewußt zu sein – unschätzbare Lehren für sein Leben. Indem sie Freundschaften schließen, bekommen die mittleren Kinder Übung darin, Beziehungen zu knüpfen und diese auch aufrechtzuerhalten. Sie verfeinern ihre sozialen Fähigkeiten, während sie den Umgang mit ihren gleichaltrigen Kameraden und anderen Menschen außerhalb des Elternhauses erlernen. Wenn dann der endgültige Zeitpunkt gekommen ist, das Haus zu verlassen, sind sie viel besser vorbereitet, sich den Realitäten des Lebens zu stellen – eine Ehe zu führen, sich den Lebensunterhalt zu verdienen und ihren Platz in der Gesellschaft zu finden.

Sie sollten daher nicht an Ihrem Kind verzweifeln, wenn es immer davonzulaufen scheint. Sie wären in der Tat gut beraten, wenn Sie Ihrem Mittelgeborenen zu verstehen geben, daß Sie wissen, wie wichtig Freunde sind. Mir ist bewußt, daß der Freundeskreis in manchen Fällen zu einem Problem werden kann. Betrachten Sie aber die Freunde nicht zwangsläufig als Gegenspieler, die Ihr Kind auf die schiefe Bahn bringen (wollen). Laden Sie die Freunde Ihres Mittelkindes doch einmal zu sich nach Hause ein. Auch das ist eine Möglichkeit, Ihrem Mittelgeborenen zu verstehen zu geben, daß er – und seine Freunde – Ihrer Meinung nach etwas Besonderes sind.

Über ein weiteres Paradoxon, das bei der Suche des mittleren Kindes nach Freunden im Spiel ist, sollten Sie sich klarwerden: Wenngleich sich das mittelgeborene Kind zu Hause irgendwie überflüssig vorkommt, sollte das Elternhaus immer ein sichererer und liebevollerer Ort bleiben als die Welt draußen. Bei aller Harmonie, die das mittlere Kind in seinem Freundeskreis empfindet, besteht doch jederzeit die Möglichkeit, daß es sich mit seinen Freunden überwirft. Das sind die Gelegenheiten, in denen das Kind lernen kann, daß eine Umarmung von Vater oder Mutter doch nicht zu verachten ist...

Tips für die Erziehung von Mittelkindern

Vergegenwärtigen Sie sich die Prinzipien der realitätsnahen Erziehung und wenden Sie diese in Verbindung mit den folgenden Ratschlägen an, die speziell für den Umgang mit Mittelkindern gedacht sind.

1. Viele Mittelkinder versuchen, ihre wahren Gefühle zu verstecken. Ist dies bei Ihrem Kind der Fall, nehmen Sie sich die Zeit, hin und wieder allein mit ihm zu reden. Gespräche unter vier Augen sind für jedes Kind von großer Wichtigkeit, doch ein Mittelkind wird am wenigsten auf seinem gerechten Anteil bestehen. Setzen Sie alles daran, ihm diesen zukommen zu lassen.
2. Bemühen Sie sich verstärkt darum, Ihrem Mittelkind das Gefühl von Besonderheit zu vermitteln. Ein mittleres Kind wird sich typischerweise zwischen den Geschwistern eingeklemmt fühlen.
3. Außer dafür Sorge zu tragen, daß sich Ihr Kind als etwas Besonderes fühlt, sollten Sie ihm einige Privilegien einräumen, die ihm grundsätzlich und regelmäßig (einmal wöchentlich vielleicht) zustehen. Das mag so etwas Banales sein, wie ohne Störungen durch andere Familienmitglieder fernsehen zu dürfen.
4. Wann haben Sie Ihrem Mittelkind zum letzten Mal ein neues Kleidungsstück gekauft, anstatt ihm ein vom älte-

ren Kind getragenes ‚anzudrehen'? Bei den meisten Familien ist das kein finanzielles Problem. Gelegentliche Weitergabe von getragener Kleidung ist ja auch durchaus akzeptabel. Ihr Mittelkind wird aber etwas Neues besonders schätzen, vor allem, wenn es sich um etwas handelt, was die anderen nicht so haben...

5. Hören Sie genau hin, was Ihr Mittelkind an Erklärungen auf Vorgänge in seiner Umgebung gibt, was es über bestimmte Situationen denkt usw. Das Verlangen, Konflikte zu vermeiden und kein Aufsehen zu erregen, kann sich den wahren Gegebenheiten und Tatsachen entgegenstellen. Sie werden es vielleicht dazu auffordern müssen: „Also, komm, erzähl mir die ganze Sache. Du bekommst auch keine Schwierigkeiten deswegen. Ich möchte wissen, was wirklich in dir vorgeht."
6. Sorgen Sie dafür, daß das Fotoalbum auch Bilder mit Ihrem Mittelkind aufweist. Lassen Sie ihn nicht eines Tages sagen: „Siehste, jede Menge Bilder von meinem älteren Bruder und meiner kleinen Schwester – aber kaum eines von mir!"

KAPITEL 14

Die Erziehung des Letztgeborenen: Wenn das Nesthäkchen ausschlüpft...

Der erste Rat, den ich Eltern für ihr Letztgeborenes mit auf den Weg gebe, lautet: Passen Sie auf, daß Sie nicht manipuliert werden!

Um es ganz deutlich zu sagen: Der süße kleine Kerl kann nichts dafür, daß er so niedlich ist. Sie, die goldige Puppe, kann auch nichts dafür, daß sie alle mit ihrem zahnlosen Lächeln becirct.

Das wahre Problem kennen wir bereits: die Eltern und ihre Erziehungsstile.

Autoritäre Eltern sagen: „Mach es so, wie ich es dir sage, sonst passiert etwas!"

Autoritative Eltern sagen: „Ich möchte, daß du es so machst, weil..."

Freizügige Eltern aber sagen ihrem Letztgeborenen: „Ja, mach nur, was du willst, du süßer kleiner Fratz..."

Die unerklärliche Macht des Letztgeborenen

Von Letztgeborenen scheint eine unerklärliche Macht auszugehen, die Eltern nachgiebiger und weicher werden läßt, obwohl sie bei den anderen Kindern ein ziemlich strenges Regiment geführt haben. Vielleicht sind sie müde geworden. Oder sie glauben „zu wissen, wie der Hase läuft", und deswegen die Zügel schleifen lassen zu können. Was immer es auch sein mag, nicht selten schauen die Eltern weg, wenn das Nesthäkchen sich vor den Hausarbeiten drückt und seinen älteren Geschwistern auf die Nerven geht. („Petzen" ist z.B. eine Fähigkeit, über die ganz besonders die Jüngsten der Familie verfügen, wobei zunächst ein älteres Kind solange gereizt wird, bis es in Wut gerät, und das Jüngste dann schreiend davonläuft, um bei der Mutter Schutz zu suchen. Ich war ein Experte darin...)

Selbst wenn es Eltern gelingt, die Mätzchen ihres Nesthäkchens in den Griff zu bekommen, schweben sie doch immer in der Gefahr, durch den berühmten Satz: „Mami, ich kann das nicht!" manipuliert zu werden. Dieser klagende Hilfeschrei ist ein bewährtes Mittel, mit dem Letztgeborene (wie auch ältere Geschwister) versuchen, sich den Lebensweg ebnen zu lassen. Sie sind ganz besonders geschickt darin, für ihre Hausaufgaben Hilfe zu ‚erbetteln'. Es ist eine Sache, Kinder dazu zu bringen, überhaupt erst einmal mit den Hausaufgaben anzufangen; es ist eine ganz andere Sache, die Hausaufgaben für sie zu erledigen. Viele Eltern lassen sich dazu hinreißen, die Arbeit des Kindes zu tun, weil sie tatsächlich glauben, dem Kind damit zu helfen. Tatsächlich aber hemmen sie es, weil das Kind so nicht lernen kann, eigenständig zu denken.

Ich hatte einmal mit einem Siebenkläßler zu tun, dessen älterer Bruder in der letzten Klasse der Mittelschule war. Die Eltern hatten den kleinen Rotschopf zu Beginn des siebten Schuljahres zu mir geschickt, weil er so schlechte Leistungen zeigte. Der Junge steckte in der Schule in allen möglichen Schwierigkeiten. Seine Eltern mußten sich zu mehr Elternsprechstunden bemühen, als ihnen lieb war. Er schaffte es gerade so, die siebte Klasse abzuschließen. Den ganzen Sommer über arbeiteten wir miteinander. Im Herbst verließ dann der ältere Bruder das Haus und ging aufs College. Dies schien den nötigen Durchbruch zu bewirken. Mit Beginn der achten Klasse fing der Junge an, auf einige Maßnahmen zu reagieren, die ich mir für ihn überlegt hatte. Auch seine Eltern erkannten endlich positive Ergebnisse. Die Anregungen, die ich den Eltern gab, waren ganz elementar:

1. Den Jungen dabei zu unterstützen, auf seinen eigenen Füßen zu stehen und ihm nicht mehr bei den Hausaufgaben zu helfen, als es absolut notwendig war.
2. Nach dem Essen kein Spielen, Fernsehen o. ä. zu erlauben, bevor nicht alle Aufgaben erledigt waren. Dazu

gehörten die Arbeiten im Haus und selbstverständlich die Schulaufgaben.

3. Vater und Mutter abends nicht mehrere Stunden lang als Nachhilfelehrer zu mißbrauchen. (Das stand in Verbindung damit, den Jungen dazu zu bringen, auf eigenen Füßen zu stehen.)

Dieser Junge schaffte zum Ende des achten Schuljahres eine gewaltige Kehrtwendung. Er benahm sich nicht mehr daneben, und seine Zensuren besserten sich auch ohne große Mithilfe von Vater und Mutter. Der Junge hatte einfach zu lange im Schatten seines großen Bruders gestanden, so daß er völlig niedergeschlagen und entmutigt war. Der ältere Bruder war soviel tüchtiger, größer und stärker, daß der jüngere dadurch innerlich erlosch. Sobald der Ältere das Haus verlassen hatte, blühte der Jüngere auf.

Die „Freitag/Montag-Bauchschmerzen"

Ich habe auch Nesthäkchen betreut, denen alles, was mit der Schule zusammenhing, schlichtweg gleichgültig war. Ich weiß, wie sie empfanden, weil es mir ganz genauso ging, als ich heranwuchs. Es mag tatsächlich vorkommen, daß ein Kind echte Lernprobleme hat; doch in der Mehrzahl der Fälle ist es eine Sache der Grundhaltung.

Meiner Überzeugung nach hätten sich meine verheerenden schulischen Leistungen auch einfach korrigieren lassen: Meine Mutter hätte nur aufhören sollen, ständig zur Schule zu laufen, um mit den Lehrern zu reden. Hätte sie statt dessen nur erklärt: „Also, mein Kind, kein Fußball mehr, bevor du nicht in der Schule klarkommst" – was wäre mir übrig geblieben, als mich spätestens in der sechsten oder siebten Klasse zu besinnen?

Aber Vater und Mutter durchschauten meinen Bluff nicht. Sie zogen nie einen Schlußstrich, ließen mir alle Freiheiten, und ich nutzte das so weit wie möglich aus. Beispielsweise litt ich unter einer seltsamen Unpäßlichkeit, die sich die „Freitag/Montag-Bauchschmerzen" nannte. Ich wachte an den besagten Tagen

morgens auf und fühlte mich schlecht. Natürlich konnte ich nicht zur Schule gehen. Komischerweise geschah bis zum Nachmittag ein Wunder. Punkt drei Uhr war ich völlig genesen! Irgendwie ist meine Mutter nie dahintergekommen. Wahrscheinlich wollte sie einfach nicht glauben, daß ihr kleines Bärchen sie belügen könnte.
Ein anderer Trick, den ich meisterlich beherrschte, war der „Glaubenseifer" – ganz besonders Mittwoch- und Sonntagabend, wenn es noch Arbeiten zu erledigen gab. Das Geschirr türmte sich im Spülbecken, die Abfalleimer und Papierkörbe quollen über, doch keine dieser weltlichen Versuchungen konnte mich vom Haus des Herrn fernhalten. „Mami, ich muß zum Jugendkreis! Bis später!" Und Mami erledigte zu Hause die ganze Arbeit, während ich nichts besseres zu tun hatte, als den Jugendleiter auf die Palme zu bringen.

Von wem oder was wird das Nesthäkchen verwöhnt?

„Na ja, von den Eltern natürlich", würden die meisten Leute antworten. Das stimmt wohl auch meistens. Doch hin und wieder werden die Eltern von den anderen Kindern in der Familie dabei massiv unterstützt. Wie sehr das Letztgeborene verwöhnt oder verzogen wird, hängt möglicherweise auch davon ab, zu welchem Zeitpunkt (und als wievieltes Kind) es im Familienverband auftaucht. Als Beispiel nehmen wir eine Familie, in denen drei Töchter und der letztgeborene Sohn leben.

Familie A

Tochter	–	11
Tochter	–	9
Tochter	–	6
Sohn	–	3

In dieser Konstellation sieht es so aus, als wäre der kleine Kerl den Mädchen gegenüber in der Minderheit. Hier dürfte sich jedoch aller Wahrscheinlichkeit nach eine starke Beziehung zwi-

schen Mutter und Sohn entwickeln. Der kleine Junge wird (nach drei Mädchen) als Kostbarkeit angesehen, vor allem von der Mutter, und sie wird im Streitfall für ihn Partei ergreifen.
In dieser Familie gibt es eigentlich zwei Nesthäkchen, einen jüngsten Sohn und eine jüngste Tochter. Das allein bietet schon die Gewähr für Spannungen zwischen der sechsjährigen Tochter und dem dreijährigen Sohn. Üblicherweise bilden sich in solchen Familien „Bündnisse" heraus, die in diesem speziellen Fall voraussichtlich folgendermaßen aussehen werden: Die Elfjährige wird sich mit der Sechsjährigen zusammentun und die Neunjährige mit ihrem dreijährigen Bruder.
Das dritte Kind könnte sich dabei in einer wenig beneidenswerten Lage befinden, ganz besonders dann, wenn sich die beiden älteren Mädchen entschlössen, den kleinen Jungen unter ihre Fittiche zu nehmen. Andererseits kann es geschehen, daß alle drei Mädchen den Bruder als Quälgeist empfinden und außerordentlich gereizt reagieren, wenn sie von der Mutter ‚ständig' darum gebeten werden, auf den Kleinen aufzupassen.
Schauen wir uns eine andere Familie an, in der das letztgeborene Kind eine besondere Stellung einnimmt. Hier haben wir es mit einem erstgeborenen Mädchen zu tun, dem zwei Jungen folgen, und einer kleinen „Prinzessin", die das Schlußlicht bildet. Das Schaubild dazu sieht folgendermaßen aus:

Familie B

Tochter	–	13
Sohn	–	12
Sohn	–	10
Tochter	–	4

Positiv für das jüngste Mädchen könnten sich die beiden älteren Brüder erweisen, die mit großer Wahrscheinlichkeit die Beschützerrolle übernehmen, es sei denn, sie entwickelt sich zu einem ‚kleinen Biest'. Von der älteren Schwester erhält sie zusätzlich noch „bemutternde" Zuwendung und Streicheleinheiten. Erstgeborene Mädchen sind dazu besonders gern bereit.
Negativ könnte sich auswirken, daß sich bei dem Nesthäkchen der Gedanke festsetzt, die ganze Welt drehe sich nur um sie. Sie

wird möglicherweise Vaters Liebling. Die Folge könnte sein, daß sie ihn um den Finger wickeln wird und fast alle ihre Wünsche von ihm erfüllt bekommt. Wird dieses Verhalten übertrieben, dann könnte sie in dem Glauben aufwachsen, sie könne das mit allen Männern so machen. Diese Einschätzung kann sich als Trugschluß erweisen und ihren Wunsch nach einer glücklichen Ehe gefährden.

Kurzum, die kleine Prinzessin wird total verzogen und verdorben, wenn die Eltern nicht bewußt darauf achten, nicht zu freizügig und nachsichtig mit ihr umzugehen. Sie könnte sonst zu einem unausstehlichen Erwachsenen heranwachsen, der unmäßige Ansprüche und Erwartungen an seine Mitmenschen stellt.

Eine der schädlichsten Auswirkungen zu großer elterlicher Freizügigkeit besteht darin, dem Kind vieles zu leicht zu machen. Später, als Erwachsener, wird sich das Nesthäkchen als nicht genügend vorbereitet auf das wirkliche Leben erweisen. Mißgeschicke werden als Katastrophen empfunden.

Ich habe einmal mit einer Mutter (einer Witwe) und ihren fünf Kindern gearbeitet: zwei ältere Schwestern, denen zwei Brüder folgten, und die jüngste Tochter, die sieben Jahre jünger war als der jüngste Bruder. Der Vater starb, als die jüngste Tochter dreizehn war. Als ich die Beratung übernahm, war die jüngste Tochter sechsundzwanzig Jahre alt. Sie lebte in vollständiger Abhängigkeit von der Mutter. Dreizehn Jahre lang hatten Mutter und jüngstes Kind allein zusammengelebt, da alle anderen Kinder das Haus bereits verlassen hatten. Die Tochter war von ihrer Mutter völlig abgeschirmt bzw. „erdrückt" worden, und zwar so, daß es ihr an jeglichem Selbstvertrauen mangelte. Die anspruchsvollsten Aufgaben, die man ihr übertragen konnte, waren Hausputz und Babysitting.

Dies ist sicherlich ein sehr extremer Fall, wo ein Elternteil dem Kind nicht gestattet, erwachsen zu werden. Dasselbe geschieht jedoch auch in einem weniger ausgeprägten Maße immer dann, wenn die Eltern zu nachsichtig handeln und dem Kind zu viele Hindernisse aus dem Weg räumen.

Die andere Seite der Letztgeborenen

Ich habe in diesem Buch immer wieder herauszustreichen versucht, daß keine Geschwisterfolge-Position nur in ein bestimmtes Schema paßt. Nicht alle Charakteristika treffen gleichermaßen auf alle Nesthäkchen zu. Vielleicht sind Sie ein jüngstes Kind – und überhaupt nicht verzogen oder verwöhnt. Oder Ihr letztgeborenes Kind ist nicht das, was man einen „Manipulierer" nennt. Womöglich ist Ihr Jüngster gar derjenige, der von allen Familienmitgliedern gelenkt und beeinflußt wird. Obwohl Nesthäkchen häufig verhätschelt werden, kann es genauso geschehen, daß sie geprügelt werden – ganz besonders von ihren älteren Geschwistern.

Fachleute auf dem Gebiet der Geschwisterkonstellation behaupten, daß Letztgeborene Schwierigkeiten mit der „Informationsverarbeitung"[1)] haben. Das bedeutet, es scheint ihnen Probleme zu bereiten, Sachverhalte richtig zu begreifen. Die älteren Geschwister sind schließlich so klug und autoritätsausstrahlend. Was auch immer ältere Kinder dem Jüngsten gegenüber behaupten – er wird es für bare Münze nehmen.

Aus meinem frühen Leben als Letztgeborener ist mir in Erinnerung geblieben, wie albern ich mir vorkam, wenn Sally oder Jack mich belehrten – angefangen von den Dingen des Lebens bis hin zur Uhrzeit. Mein großer Bruder Jack, der fünf Jahre älter war, hatte eine sehr direkte Art der Unterrichtung: Er schmierte mir eine.

Sicher hatte ich das häufig selber provoziert. Ich war ein Meister darin, Jack zu ärgern, indem ich ihn reizte und piesackte, bis er seine Beherrschung verlor und mir eine knallte. Daraufhin rannte ich Zeter und Mordio schreiend umher, und Vater schritt zur Tat. Das bereitete mir ungeheures Vergnügen, doch war die Sache mit einem hohen Preis verbunden: früher oder später erwischte mich Jack dann in einer Situation, in der ich ihm nicht entkommen konnte...

Sally dagegen hatte eine andere Methode, dem kleinen Kevin Zucht und Ordnung beizubringen. Als meine „zweite" Mutter litt sie darunter, wenn ich grob und gemein war, zuviel Lärm machte oder ganz einfach eine dicke Lippe riskierte. Nur, sie

wandte einen anderen Stil an. Sie verfügte über eine gewisse Art, mir das Gefühl zu geben, als wäre es mein eigener Wunsch, mich besser zu benehmen. Wenn ich wieder einmal verrückt spielte, fragte sie mich: „Ist das dein Ernst? Willst du dich wirklich so benehmen?"
Ich versuchte, witzig zu sein und meinte: „Klar – nur so macht es doch Spaß!" Doch tief in mir drinnen wußte ich es besser.

Warum Nesthäkchen nicht auf Rosen gebettet sind

Trotz des legendären sorglosen Daseins und ihres Rufs, sich alles erlauben zu können, sehen sich Letztgeborene vielerlei Schlägen in ihrem Leben ausgesetzt, die die Behauptung Lüge strafen, daß den Jüngsten alle Wege geebnet sind. Zwei Hauptprobleme haben wir schon erwähnt. Erstens: Letztgeborene können zu unselbständig bleiben, wenn sie verzärtelt und verhätschelt werden. Jedes Familienmitglied kann daran eine Mitschuld tragen, von den Eltern bis zu den ältesten Brüdern und Schwestern. Das zweite Problem ist, daß jüngste Kinder in einem sehr starken Maße dem Unmut und den Neckereien der älteren Geschwister ausgesetzt sein können. Jedoch ist es eine Sache für einen Letztgeborenen, geneckt zu werden, und eine ganz andere, wenn auf ihm herumgetrampelt wird.
Ein drittes Hindernis, das sich vor Letztgeborenen aufbaut, sollte durchaus nicht vergessen werden: Sie sind nun mal die letzten Kinder, und nichts von dem, was sie tun, ist wirklich noch etwas Originäres. Die älteren Geschwister haben schon vor ihnen sprechen, lesen, Schuhe schnüren und Radfahren gelernt. Und machen wir uns nichts vor: Es ist für Eltern nicht leicht, über den dritten oder vierten schiefen Bleistifthalter oder Briefbeschwerer, der in den vergangenen fünf oder zehn Jahren aus dem Zeichen- und Bastelunterricht nach Hause gebracht wurde, in Verzükkung zu geraten.
Die Familienpsychologin Edith Neisser macht diese Frustrationen von Letztgeborenen durch die Aussage einer Vierzehnjähri-

gen deutlich. Über die verhängnisvolle Situation, ältere Brüder und Schwestern zu haben, äußert das Mädchen:
„Was ich auch immer tue, es wird nicht wichtig genommen werden. Wenn ich die Schule verlasse, machen sie Examen oder heiraten; wenn ich das College je abschließen sollte, wird Susi vielleicht gerade ein Baby bekommen. Und selbst wenn ich sterbe, wird es für meine Familie nichts Neues mehr sein. Niemand wird mehr dasein und dem Beachtung schenken."[2)]
Wenn Sie Heranwachsende in diesem Alter haben, kommt ihnen solche Theatralik sicher bekannt vor. Doch in dem, was dieses Mädchen sagte, steckt auch ein Körnchen Wahrheit: „Es wird niemand mehr da sein, der dem Beachtung schenkt." Hier wird eine Tatsache angesprochen, die sich jeder Erziehende eines Letztgeborenen bewußt machen sollte.

Tips für die Erziehung von Letztgeborenen

Die Anwendung realitätsnaher Erziehung ist beim Nesthäkchen besonders wichtig, weil man von Natur aus dazu neigt, bei ihm ‚großzügiger' zu sein. Versuchen Sie, zusätzlich folgende Vorschläge zu beherzigen:

1. Sorgen Sie dafür, daß dem Jüngsten ein angemessener Teil der Hausarbeiten übertragen wird. Nesthäkchen sind Weltmeister im ‚Sich-vor-der-Arbeit-drücken'. Außerdem erscheinen sie noch so klein und „hilflos", daß sich die anderen Familienmitglieder entschließen, diese Tätigkeiten selber zu übernehmen.
2. Achten Sie darauf, daß sich Ihr Nesthäkchen, was Familienregeln und -vorschriften anbetrifft, nicht alles erlauben darf. Statistiken zufolge braucht das jüngste Kind nicht in dem Maße zu gehorchen, wie es die älteren Geschwister tun mußten. Es schadet nichts, sich Notizen zu machen, wie man es bei den älteren Kinder gehalten hat, um dieselben Regeln – wie die Zubettgehzeit etwa – auf das jüngste Kind anzuwenden.

3. Während Sie sich bemühen, Ihr jüngstes Kind nicht zu verhätscheln, sollten Sie gleichzeitig dafür Sorge tragen, daß es nicht in der Menge untergeht. Es ist kein Geheimnis, daß Letztgeborene das Gefühl haben, daß „nichts, was ich tue, wichtig ist". Stellen Sie alle Leistungen Ihres Jüngsten groß heraus, und sehen Sie zu, daß es an der „Galeriewand" auf der Kühlschranktür (oder sonstwo) mit seinen Werken gleichberechtigt vertreten ist.
4. Führen Sie Ihren Jüngsten schon früh an das Lesen und an Bücher heran. Es ist nicht zu früh, wenn Sie ihm mit sechs Monaten aus Bilderbüchern vorlesen. Wenn es Anstalten macht, selbst lesen zu wollen, dann nehmen Sie es ihm nicht ab: Nesthäkchen lassen sich nämlich gern vorlesen. Das ist möglicherweise einer der Gründe, warum Letztgeborene als die schwächsten Leser der Familie gelten.
5. Fordern Sie Ihr Nesthäkchen ganz bewußt heraus und stellen sie es vor Alternativen. Mir hätte ein wenig Druck („Entweder du bringst bessere Leistungen in der Schule, oder du hörst mit dem Fußballspielen auf") sicher geholfen.
6. Ein drittes oder viertes Kind ist auch für die Eltern eine große Belastung. Überlegen Sie sich, ob Sie Ihr jüngstes Kind nicht vielleicht vernachlässigen, weil Sie einfach nicht mehr über die Zeit zu verfügen scheinen, die Sie früher hatten. Verzichten Sie, wenn nötig, auf bestimmte Vorhaben, damit Sie jedem Kind eine angemessene Zeit widmen können.

Epilog

Die eine Sache, ohne die es wirklich nicht geht

Wenn Sie dieses Nachwort auch noch lesen, dann sind Sie vermutlich ein Erstgeborener, der Freude daran hat, sich die wesentlichsten Punkte noch einmal im Überblick anzuschauen. Sind Sie jedoch ein Mittelkind oder ein Nesthäkchen, dann geben Sie trotzdem nicht auf. Es folgt gleich eine Geschichte, von der ich annehme, daß sie Ihnen gefallen wird.
Zunächst aber zusammengefaßt die wichtigsten Punkte über Geschwisterkonstellationen, die man sich merken sollte:

1. Wie wichtig die Position in der Geschwisterreihe auch sein mag: sie bedeutet nur einen Einfluß, keine endgültige Lebenswahrheit im Hinblick darauf, wie sich ein Kind entwickeln wird.
2. Die Art und Weise, wie Eltern mit ihren Kindern umgehen, ist von ebensolcher Bedeutung wie ihre Geschwisterposition, ihre Umgebung und ihre körperlichen wie geistigen Wesensmerkmale.
3. Jede Geschwisterposition hat ihre eigenen Stärken und Schwächen. Eltern müssen beides akzeptieren, während sie dem Kind helfen, die positiven Aspekte zu verstärken und mit den negativen fertig zu werden.
4. Keine Geschwisterposition ist „besser" oder wünschenswerter als eine andere. Erstgeborene scheinen ein Monopol auf Leistung und Schlagzeilen zu besitzen, doch auch den anderen steht die Tür dazu offen. Es liegt ganz an ihnen.
5. Das Wissen um die Geschwisterkonstellation ergibt niemals ein psychologisches Gesamtbild eines Menschen. Keine Theorie über Persönlichkeitsentwicklung kann das leisten. Statistiken über und Charakteristika der einzelnen Geschwisterpositionen sind nur Indikatoren, die gemeinsam mit physischen, geistigen und emotionalen Faktoren ein umfassendes Bild ergeben.
6. Das Verstehen einiger grundlegender Prinzipien der Geschwisterkonstellation bedeutet nicht, daß man über ein Schema verfügt, mit dem sich alle Probleme von selbst lösen lassen oder durch das man seine Persönlichkeit über Nacht verändern kann. Sich selbst zu verändern ist

die schwierigste Aufgabe, die ein Mensch überhaupt in Angriff nehmen kann. Das bedarf geduldiger und zäher Bemühungen.

Nur eines ist absolut notwendig

Nach unendlich vielen Stunden der Beschäftigung mit psychologischen und therapeutischen Problemen und weiteren unzähligen Stunden des Gesprächs mit Menschen aus allen Lebensbereichen und -situationen habe ich die Erkenntnis gewonnen, daß man nie genug wissen kann. Nach all der Lektüre von Büchern, der Nutzbarmachung all der Techniken und Methoden und des Gebrauchs der richtigen Worte (wie man hofft) gibt es noch eine Sache, die für Sie unverzichtbar ist. Diese Geheimwaffe wirkt bei allen Geschwisterkonstellationen gleichermaßen gut. Ohne sie jedoch wird das Zusammenleben – vor allem das in der Familie – ein hoffnungsloses Unterfangen.

Die folgende Geschichte veranschaulicht, welche unentbehrliche Erziehungstechnik ich damit meine. Ich spreche nicht von einer Fertigkeit, die Sie sich in soundso vielen Unterrichtsstunden aneignen können. Ich rede von einer Kunstfertigkeit, die man sich allmählich und oft nur unter Schmerzen erwirbt. Denn gerade in dem Augenblick, wo man glaubt, die Angelegenheit durchschaut zu haben, geschieht etwas, das Sie daran erinnert, wie ursprünglich das Leben und wie weit der Weg ist, der noch vor Ihnen liegt.

In dem Frühjahr, als Holly zehn Jahre alt war, entschloß ich mich eines Tages, eine jener Grundregeln, die ich in meinem gerade beendeten Erziehungsbuch so vehement verfochten hatte, für mich selber wieder einmal aufzufrischen: nämlich die, mit jedem Kind allein mehr Zeit zu verbringen. Wenn man versucht, Beratungstermine, Geschäftreisen, Talkshows und Buchprojekte miteinander zu verknüpfen, gerät man leicht in die Situation eines Arztes, der dringend eine Dosis seiner eigenen Medizin benötigt.

Ich hatte dabei Holly im Sinn. Sie war auch verfügbar, und so rief ich Sande an, um ihr mitzuteilen, daß ich es wieder einmal an der

Zeit fände, mit unserer Ältesten einen Abend allein zu verbringen. Sande war unbedingt dafür.
Ich behielt meinen Plan für mich, bis ich sie abends von ihrem Softball-Spiel abholte. Als sie ins Auto stieg, fragte ich: „Holly, was hältst du davon, heute abend mit mir auszugehen?"
Ihre spontane Reaktion war die Frage: „Ohne *sie?*"
„Ja, nur wir beide ganz allein."
„Na, immer doch!" rief sie begeistert.
Holly warf ihre Sachen auf den Rücksitz, und wir starteten in einen Abend, der dann wirklich großartig wurde. Gegen 22 Uhr bogen wir wieder in unsere Garageneinfahrt ein – ziemlich spät für eine Zehnjährige an einem Donnerstagabend, dem am nächsten Morgen ein neuer Schultag folgte. Als ich den Motor abstellte, fragte Holly mich etwas. Zurückblickend wird mir bewußt, daß es eine äußerst wichtige Frage war. Meine selbstbewußte kleine Erstgeborene hatte den Abend ohne ‚die anderen' sehr genossen. Jetzt wollte sie noch ein bißchen Zuckerguß auf ihren Kuchen, einfach nur um des Prinzips willen.
„Papi, machst du mir eine Extra-Freude? Darf ich meinen Schlafsack in euer Zimmer holen und neben deinem Bett auf dem Boden schlafen?"
Als der Welt führender Verfechter der realitätsnahen Erziehung bemerkte ich sofort, daß ich rasch handeln mußte. Denn schließlich wußte ich ja, was für meine Kinder das Beste ist. Schneller als jeder Familientherapeut es sollte, antwortete ich: „Nein, Holly. Schau mal, es ist schon spät, und du mußt morgen zur Schule. Ich möchte, daß du jetzt ins Bett gehst – du brauchst einen ordentlichen Schlaf."
Noch ehe mir das „ordentlicher Schlaf" über die Lippen gekommen war, wurde mir bewußt, daß ich gegen eine Grundregel verstoßen hatte, die ich in meinen Beratungen, Seminaren und in meinen Büchern so vehement vertrete.
Geben Sie niemals eine voreilige Antwort auf die Bitte eines Kindes. Denken Sie zumindest ein paar Augenblicke darüber nach, und geben Sie dann eine Antwort, hinter der Verständnis und Logik steckt.
Meine kurzangebundene Antwort war in der Tat von bestechender Logik – für einen Erwachsenen zumindest. Der folgende Tag

war ein Schultag, es war spät, und Holly brauchte wirklich ihren Schlaf. Sicher, ich brauchte auch meinen, da ich am kommenden Morgen um 5 Uhr aufstehen mußte, um den 7-Uhr-Flieger zu erreichen, der mich zu meinem Verlag nach New Jersey bringen sollte, wo ich bei einer Vertreterkonferenz die Weisheit meines neu erscheinenden Buches zu rühmen hatte.

Auf Holly machte meine väterliche Weisheit keinen Eindruck. Sie hatte ja vor, ordentlich zu schlafen – neben meinem Bett. Ich war wirklich unlogisch, und augenblicklich rannen ihr die Tränen über die Wangen.

„Aber Papi, ich will doch nur neben deinem Bett schlafen..." Ich hätte wissen müssen, daß Holly mehr ein durchsetzungsfreudiger Perfektionist war als einer jener sanftmütigen Menschen, die gefallen wollten. Aber ich war müde – es war schon spät, und ich mußte wieder früh aufstehen.

„Holly, nein. Der Boden ist hart, du wirst dort nicht gut schlafen. Jetzt komm, wir haben einen tollen Abend miteinander verbracht. Verdirb jetzt nicht alles."

Für Holly war bereits alles verdorben. „Nie darf ich etwas!" jammerte sie, während der wundervolle Abend vor meinen Augen wie eine Seifenblase zerplatzte.

Ich führte Holly ins Haus und brachte sie zu Bett, wobei sie immerzu schluchzte: „Nie darf ich etwas, nie darf ich etwas..."

Da ich mich frustriert, verärgert und schuldig fühlte, nahm ich mir lieber das Kofferpacken vor. Morgens um fünf hatte ich dazu bestimmt nicht viel Zeit. Ich hatte Sande gebeten, eine Hose und ein Hemd zu waschen und zu bügeln. Natürlich hatte meine liebevolle Frau die Sachen auch gewaschen und getrocknet. Nur hatte sie, wie ich später bemerkte, das Bügeln vergessen, und war zu Bett gegangen.

Stellen Sie sich die Szene einmal bildlich vor: Ich hörte Holly schniefen und schluchzen und dabei immer wieder vor sich hinmurmeln: „Nie darf ich etwas". Es ging auf Mitternacht zu. Ich mußte bei Anbruch des Tages das Flugzeug erreichen, und ich stand am Bügelbrett und dachte über mögliche Alternativen nach:

1. Irgend etwas anderes anzuziehen (doch dies war meine Lieblingskombination und für den Flug das Bequemste);

2. Sande aufzuwecken und sie zu bitten, die Sachen zu bügeln (keine gute Idee; sie würde mindestens vierzig Minuten brauchen, um wach zu werden);
3. es selber zu tun (möglicherweise könnte ich das bei der Vertreterkonferenz als Beispiel dafür bringen, welch ein liebevoller und aufopfernder Vater ich war).
Doch Hollys Heulen und Jammern quälten mich. Sie hörte einfach nicht auf. Es wurde eher noch schlimmer.
Sie ist wieder einmal ein echter Quälgeist, Leman, sagte ich zu mir, es ist an der Zeit, sie zur Ordnung zu rufen!
Innerlich angespannt schritt ich in ihr Zimmer und hielt meine Ansprache. Es war wohl mehr ein polterndes Gebrüll:
„Also, Holly, jetzt hör mir mal gut zu! Ich habe jetzt die Nase voll, verstehst du? Wir haben einen herrlichen Abend miteinander verbracht – wunderschön. Aber nun ist es Zeit für dich, endlich zu schlafen. Und willst du wissen, warum ich so wütend bin, Holly? Weil ich gerade bemerkt habe, daß die Sachen, die deine Mutter für mich zurechtgelegt haben sollte, noch ganz verknautscht herumliegen. Meine Laune ist nicht besonders gut!"
Ich krönte meine lautstarken Ausführungen mit der Anweisung, sofort ins Bett zu gehen. Und damit basta!
Als ich Hollys Zimmer verließ, knallte ich die Tür, daß das ganze Haus erzitterte und alle aufweckte (Sande rollte sich zumindest auf die andere Seite). Ich ging ins Wohnzimmer und schaltete die Spätnachrichten ein. Dort saß ich also und versuchte, mich wieder zu fangen. Doch dann stürzten die Schuldgefühle über mich herein. Ich wußte, daß ich im Unrecht war. Ich hatte überreagiert, um es einmal milde auszudrücken. Hollys Gewimmer hatte nachgelassen, doch war mir klar, daß ich dringend etwas unternehmen mußte, um die Sache wieder in Ordnung zu bringen.
Einen Kuß würde ich ihr geben! Vielleicht schlief sie schon, doch ich mußte ihr unbedingt einen Kuß geben.
Ich riß mich zusammen, und mit einem elenden Gefühl drückte ich Hollys Zimmertür sanft auf.
Holly lag nicht in ihrem Bett.
Sie hat mir nicht gehorcht. Jetzt kann sie etwas erleben! dachte ich.

Ich stürmte durch das ganze Haus und suchte Holly. Was hatte ich gerade über den sparsamen Gebrauch von Schlägen geschrieben? Diesmal jedoch hatte ich noch ein paar kräftige Ohrfeigen übrig. Meine erste Vermutung war, daß sie in unserem Schlafzimmer war. Holly war womöglich zu ihrer Mutter ins Bett geschlüpft oder lag mit ihrem Schlafsack auf dem Fußboden, wie sie es von vornherein vorgehabt hatte. Doch Holly war nicht in unserem Schlafzimmer. Daher schaute ich in Kevins Zimmer – nichts. Dann schaute ich in Krissys Zimmer – auch nichts. Meine zehnjährige Tochter schien nicht mehr im Haus zu sein, und es war immerhin schon nach elf. War sie weggelaufen?
Wann immer mich etwas beunruhigt oder mir Sorgen bereitet, tue ich das, was jeder ausgebildete Therapeut tut, um sich wieder in die Gewalt zu bekommen: Ich marschiere geradewegs zum Kühlschrank, um mir etwas Eßbares zu holen. Auf dem Weg zur Küche kam ich an unserem Nähzimmer vorbei, und da erblickte ich Holly. Sie versuchte gerade, eines meiner Hemden zu bügeln. Ihre ersten Worte waren so etwas von niedlich, wenn man an Erstgeborene und Perfektionisten denkt: „Papi, ich kann wirklich nicht gut bügeln."
Holly gab ihr Bestes, und sie wandte die altmodische Methode an, das Hemd zu besprengen – mit ihren Tränen.
Ich sagte nur: „Holly, kannst du mir verzeihen?"
Und Holly antwortete: „Ich habe den ganzen Abend verdorben... ich habe den ganzen Abend kaputtgemacht."
„Nein, Holly, Papi hat alles verdorben. Ich war im Unrecht. Wirst du mir verzeihen?"
Hatte ich eigentlich schon erwähnt, daß Holly es liebt, den Dingen besonderen Nachdruck zu verleihen? „Ich habe den ganzen Abend verdorben... ich habe den ganzen Abend kaputtgemacht..."
Ich unternahm noch einen Versuch: „Holly, wirst du bitte stillsein und Papi sich entschuldigen lassen?"
Holly stellte das Bügeleisen ab, tat zwei Schritte auf mich zu und barg ihren Kopf an meiner Brust. Sie nahm mich in die Arme, drückte mich und schluchzte dabei, sie habe mich sehr lieb. Ich tat dasselbe. Einhundertzwanzig Sekunden später lag Holly im Bett und schlief.

Irgendwie gelang es mir, meine Sachen fertigzubügeln. Irgendwie erreichte ich nach nur wenigen Stunden Schlaf am nächsten Morgen mein Flugzeug.

Ich kam in den Verlag und stellte den Vertretern mein neues Buch über Kindererziehung vor. Die Schnitzer, die mir noch Stunden zuvor unterlaufen waren, ließ ich unerwähnt. Am leichtesten fiel mir der Teil der Präsentation, als ich erklärte:

„Ich glaube, daß wir in den Augen eines Kindes nur dann wirklich groß erscheinen, wenn wir zu ihm gehen und uns für unsere Fehler entschuldigen, nicht für seine. Für mich steht fest, daß die Worte, ohne die Eltern niemals auskommen werden, lauten: ‚Ich war im Unrecht. Verzeihst du mir?'"

Anmerkungen

KAPITEL 1

Geschwisterkonstellationen ...
Ist das vielleicht so etwas wie Astrologie?

1. „Using Birth Order and Sibling Dynamics in Career Counseling", Richard W. Bradley in The Personnel an Guidance Journal, September 1982 S. 25. Bradley zitiert aus dem Artikel „Is First Best?" in Newsweek, 6. Januar 1969, S. 37
2. „Motivational and Achievement Differences Among Children of Various Ordinal Birth Positions", R.L. Adams und B.N. Phillips in Child Development, März 1972, S. 157.
3. Walter Toman: Familienkonstellationen

KAPITEL 2

Sie und Ihr „Familienzoo"

1. Dr. James Dobson: Hide or Seek, 1974, darin bes. Kapitel 2.
2. Bradford Wilson und George Edington: First Child, Second Child, New York 1981, S. 258.
3. Wilson und Edington in First Child, Second Child, zufolge bekommt eine Frau von Vierzig drei- bis viermal eher Zwillinge als eine Frau zwischen zwanzig und dreißig Jahren! Bevor Frauen Zwillinge bekommen, haben sie normalerweise schon ein Kind geboren. Zwillinge wachsen gewöhnlich mit mindestens einem älteren Geschwisterteil auf (s. S. 262).
4. Psalm 139, 13–16
5. James H.S. Bossard: The Large Family System, Pennsylvania Press 1966, S. 79

KAPITEL 3

Wer zuerst kommt, mahlt zuerst

1. 1. Mose 4, 3–8.

KAPITEL 4
Der einsame Einzelgänger

1. „Does the Only Child Grow Up Miserable?" v.Toni Falbo in Psychology Today, Mai 1976, S. 60.
2. Alfred Adler: Menschenkenntnis, Frankfurt 1981, S. 143
3. Lucille K. Forer/ Henry Still, The Birth Order Factor, 1976, S. 9, 10.

KAPITEL 5
Ein Rezept für deprimierte Perfektionisten

1. B. Wilson u. G. Edington, a.a.O., S. 29.
2. Dr. David Stoop, Self-Talk: Key to Personal Growth, New Jersey 1982, S. 120.

KAPITEL 6
Das Mittelkind: zu spät geboren – und doch zu früh

1. Wilson u. Edington, a.a.O., S. 92.
2. Edith G. Neisser: Brothers and Sisters, New York 1951, S. 154, aus: The Middle Moffat, von Eleanor Estes.
3. Wilson u. Edington, a.a.O., S. 95.
4. Wilson u. Edington, a.a.O., S. 99.
5. Wilson u. Edington, a.a.O., S. 99.
6. Wilson u. Edington, a.a.O., S. 102.
7. Wilson u. Edington, a.a.O., S. 104.
8. Wilson u. Edington, a.a.O., S. 103.
9. „Birth Order and Relationship", Pam Hait in Sunday Woman, 12. September 1982, S. 4.

KAPITEL 7
Das jüngste Kind: zuletzt geboren, doch selten zu kurz gekommen

1. Wilson u. Edington, a.a.O., S. 108.
2. „A Lastborn Speaks Out – At Last" Mopsy Strange Kennedy, Newsweek, 7. November 1977, S. 22.
3. Wilson u. Edington, a.a.O., S. 108.
4. Wilson u. Edington, a.a.O., S. 109, 110.

KAPITEL 9

„Ich gelte nur etwas, wenn ...“

1. Alfred Adler, Menschenkenntnis, Frankfurt 1981, S. 192.
2. Adler, Menschenkenntnis, a.a.O.

KAPITEL 10

Realitätsnahe Erziehung ist auf jedes Kind anwendbar

1. Siehe: K. Leman: Making Children Mind Without Losing Yours, New Jersey 1984, S. 11.
2. Leman, a.a.O., S. 27, 28.

KAPITEL 11

Die Erziehung Erstgeborener und Einzelkinder: Auf dem Weg zum Perfektionisten?

1. Lukas 15, 11–32.

KAPITEL 12

Die Erziehung in einer Zwei-Kinder-Familie: Koexistenz oder Konflikt?

1. 1. Mose 25, 19–34; 27, 1–40.

KAPITEL 14

Die Erziehung des Letztgeborenen: Wenn das Nesthäkchen ausschlüpft...

1. Wilson und Edington, a.a.O., S. 110
2. Edith G. Neisser, Brothers and Sisters, a.a.O., S. 165, 166.

Register